부모가 되어 가는 중입니다

부모가 되어 가는 중입니다

성장하는 엄마 아빠를 위한 발도르프 공부

김훈태 지음

머리말

부모로 성장하기 위하여

'내 아이를 키워 보고 싶다.'

언제부턴가 그런 마음이 생겼습니다. 초등학교와 발도르프 학교에서 일하면서 아이들 한 명 한 명이 얼마나 사랑스러운 존재인지를 알았습니다. 자기 삶이 귀한지 모르는 아이는 없었습니다. 아이들은 누구나 잘 크고 싶어 했고, 행복하길 원했습니다. 아이들이 바라는 건 또 얼마나 소박하던지요. 아이들은 저마다의 방식으로 사랑받길 원했습니다. 친구들과 신나게 놀고 싶어 했고, 재미있게 공부하기를 원했으며, 좋은 사람이 되고자 했습니다. 누구 하나 예외가 없었습니다.

'이런 아이를 키우는 부모님은 얼마나 행복할까?'

아이가 생기면 꼭 내 손으로 키워야지, 결심했습니다. 그런데 오랫동안 아이가 생기지 않았습니다. 아이들에게 들려주던 옛이야기에는 아이가 없어 슬퍼하는 부부가 많이 나옵니다. 이야기 속 부부의 마음을 알 것 같았습니다. 몇 해가 지나도록 소식이 없어 마음을 접을 때쯤 신의 선물처럼 아이가 생겼고, 무사히 태어났습니다. 딸아이였습니다. 청주의 한 조산원에서 조산사 선생님과 함께 아이를 받으며 얼마나 감격했는지 모릅니다.

"선생님은 아이를 안 키워 봐서 모르실 거예요."

학교에 있을 때 부모님들과 상담을 하다 보면 종종 듣게 되는 말이었습니다. 서운하기도 하면서 원론적인 이야기나 하고 있으니 부모님 입장에서는 얼마나 답답하실까, 하는 생각을 했습니다. 동시에 부모의 마음은 대체 어떤 것일까, 궁금했습니다. 미루어 짐작할 수는 있지만 뼈저리게 느낄 수 없는 그 마음을 느껴 보고 싶었습니다. 아이가 태어나고 100일이 채 안 되어 대상포진이 오면서 깨달았습니다. '아, 만만치 않구나……'

"에이, 선생님은 애가 하나니까 그러실 수 있죠."

발도르프 부모교육 자리에서 강연을 하고 나면 이런 이야기를 종종 들었습니다. 아이가 두셋 이상인 분들의 고충을 제가 어찌 헤아릴 수 있을까요. 그래도 예전에 많은 아이를 한 반에서 가르칠 때를 떠올리며 공감해 보려고 합니다. 힘들 때도 있지만 제가 아이 키우는 일을 즐겁게 여길 수 있는 것은 발도르프 교육을 경험했기 때문이라고 생각합니다. 교실에서 아이들과 노래를 부르고 악기를 연주한 것, 그림을 그리고 신나게 놀이를 한 것, 이야기를 만들어 들려준 것 모두가 도움이 되었습니다. 무엇보다 발도르프 교육의 인간학을 공부했던 일이 가장 큰 도움이 되는 것 같습니다.

'이 아이는 왜 나를 만나러 왔을까?'

이제 일곱 살이 된 딸아이를 두고도 자주 하는 질문이지만 학교에 있을 때도 그런 질문을 많이 던졌습니다. 특히 저를 시험에 들게 하는 아이가 있으면 기도문처럼 저 질문을 반복해서 했습니다. '나는 이렇게 부족한데 왜 나를 선택해서 왔을까?' 요즘 학교나 유치원에서 선생님들이 가장 힘들어하는 아이는 분노를 참지 못하는 아이입니다. 수업 중에 갑자기 소리를 지르며 짝꿍을 주먹으로 때린다든가, 교사 앞에서 욕설을 하며 공책을 찢는 아이도 있습니다. 수업을 방해하는 건 기본이고요. "선생님은 사기꾼이야!"라고 외치며 분을 참지 못해 집에 가려고 하는 아이도 있지요.

"그 아이는 정말 분노조절장애에 반사회성 인격장애 같아요."

교사교육을 가면 하루에도 몇 번씩 폭발하는 아이와 씨름하느라 진이 빠진 선생님들을 보게 됩니다. 이 아이를 키우는 부모님은 또 얼마나 힘드실까요. 제 아이도 화가 폭발하면 만만치 않습니다. 고집을 부리고 공격적인 말과 행동을 할 때는 무서울 정도지요. 또 한시도 가만히 있지 못하는 아이, 너무 쉽게 상처를 받고 아무것도 하지 않으려는 아이 등 우리를 시험에 들게 하는 아이가 참 많습니다. 이건 기질적인 이유일 수도 있고, 아이가 스스로 풀기 위해 가지고 온 과제일 수도 있습니다. 분명한 건 아이들에게는 도움이 필요하다는 사실입니다. '과잉행동장애'라든지 '소아우울증' 같은 이름표를 붙이기 전에 아이가 우리에게 던져 준 수수께끼가 무엇을 의미하는지 살펴볼 필요가 있습니다. 발도르프 교육을 공부하며 제가 배운 것은, 사람을 이해하려는 마음이 사라지는 순간 미워하는 마음이 든다는 사실입니다.

'아이는 저마다의 과제가 있고, 우리는 그 과제를 도와야 한다.'

발도르프 교육에서는 아이가 아무 이유 없이 우리에게 오는 것이 아니라고 가르쳐 줍니다. 태어나서 죽음에 이르는 이 짧은 삶이 전부인 것도 아니라고 하지요. 처음에 저는 이런 관점이 너무 종교적인 것 같아서 낯설었습니다. 그렇지만 마음을 열고 관점을 바꾸어 생각해 보니 이것이 더 실제적이라는 확신이 들었습니다. 이 관점은 교육적으로 저를 더욱 풍부하게 만들어 주었고, 아이들에 대해 더욱 진지하게 탐구하도록 이끌었습니다. 아이를 온전히 사랑하기 위해 우리가 시작해야 할 일은 마음을 열고 아이를 이해하는 것이 아닐까요?

　　이 책은 아이를 키우며 제가 도움을 받았던 발도르프 교육의 인간학에 대한 내용을 담고 있습니다. 아이를 이해하고 사랑하는 일은 오롯이 부모로서 저 자신을 이해하고 사랑하는 일이었습니다. 모쪼록 아이를 키우며 기쁨과 어려움을 함께 느끼는 동료 부모님들께 이 책이 작은 도움이 되었으면 합니다.

　　2020년 봄, 김훈태

1

부모로서 생각해 봐야 할 양육 철학

어머니를 위해

출산 전

그리고 이 아이의 혼이
나에게 주어지기를,
당신의 뜻에 따라
정신세계에서.

출산 후

그리고 이 아이의 혼이
나에 의해 인도되기를,
당신의 뜻에 따라
정신세계로.

− 루돌프 슈타이너

부모가 되어 간다는 것

발도르프 교육에서는 사람을 '되어 가는 존재'로 봅니다. 아기는 자라서 어린이가 되고, 어린이는 자라서 청소년이 되며, 청소년은 차츰 어른이 되어 갑니다. 우리는 누군가의 '되어 감'을 놀라워하고 축하해 주지요. 아이 입장에서도 되어 간다는 건 신기하고 기쁜 일입니다. 발달 시기마다 커다란 차이가 있다는 인식이 확산되면서 요즘에는 적기교육이 강조되는 추세입니다. 아이의 발달 단계를 이해하면 조기교육이나 과잉교육의 폐해를 줄일 수 있습니다. 되어 가는 기쁨을 아이와 함께 누릴 수 있다는 것은 부모에게 축복과 같은 일입니다.

그런데 가만히 살펴보면 아기는 점점 더 아기가 된 뒤에 어린이가 됩니다. 봄이 더욱더 봄다워지다가 여름

이 되는 것처럼 아기도 점점 더 온전한 아기가 되었다가 어느새 아기 티를 벗고 어린이가 되어 있습니다. 아이들은 그렇게 아기에서 어린이로, 어린이에서 청소년으로 온전히 자라납니다. 저마다 다른 속도로, 자기 색깔에 맞게 아이들은 커 갑니다. 어른이 되었다고 해서 발달이 끝나는 건 아닙니다. 꽃이 피고 열매가 열리면 사과든 복숭아든 무더위와 가뭄, 태풍 등을 모두 이겨내고 익어 갑니다. 어른 역시 저마다의 고난과 행복 속에서 더욱더 어른스러운 존재가 되어 갑니다.

열매 안에 단단한 씨앗이 존재하듯 우리 내면에는 고유한 자아가 있습니다. 이 자아, 다시 말해 '나'는 우리 삶을 이끌어 가는 주체이자 성장의 결실입니다. 아무리 어린아이여도 자기 삶은 자기가 이끌어 가고 싶습니다. 신발을 혼자 신느라 낑낑대는 아기를 도와주려 했다가 "내가 할 거야!"라는 말을 듣고 머쓱해진 적이 있습니다. 나이나 성별, 장애 유무와 상관없이 인간에게는 저마다 정신적인 자아가 있고, 그렇기에 우리는 우리의 아이를 한 인간으로 존중해야 합니다. 이 자아가 점점 성장해 자유를 향해 간다는 것이 발도르프 교육의 중요한 인간관입니다. 교육이란 아이의 자아가 성장해 건강하게 독립할 수 있도록 돕는 일이라고 할 수 있습니다.

성장해 가는 자아는 발달 시기마다 독특한 질문을 던집니다. 막 이 세상에 온 아기는 무의식적으로 이렇게 묻는다고 합니다. '나는 이 세상에 잘 온 걸까? 나는 원해져서 태어난 걸까?' 이것은 아기에게 무조건적인 사랑이 필요한 이유이기도 합니다. 자아정체성이 확립되어 가는 청소년기 아이는 '난 누구지? 나는 어떤 사람이 되어야 할까?'라고 묻습니다. 질풍노도, 좌충우돌의 흑역사는 관계 속에서 정체성을 찾아가는 고군분투의 과정일 것입니다. 자아가 독립한 어른은 '내가 책임져야 할 삶의 과제는 무엇일까? 나에게 벌어지는 일들을 어떻게 받아들여야 하는 걸까?'라고 질문하기 시작합니다.

열매가 익어 갈수록 씨앗이 더욱 단단히 여물듯, 인생 전체로 보았을 때 우리는 누구나 자기 자신이 되어 가는 중입니다. '나'라는 1인칭 대명사를 오로지 나 자신만을 향해 쓸 수 있는 것처럼 나는 나의 삶을 살아갑니다. 누구도 남의 인생을 대신 살아 주어야 할 의무는 없습니다. 기쁘고 슬프고 노엽고 즐거운 온갖 일을 겪으며 진정 내가 누구인지, 어떻게 해야 잘 살 수 있는지를 배웁니다.

인생이 한 권의 책이라면 우리는 이 세상에 없는 이야기를 꾸준히 써 나가는 중입니다. 아마 앞부분은 우리를 키워 준 분들의 영향이 크겠지요. 어른이 된 뒤에야 비로소 자기만의 문체를 가진 단독 저자가 될 테고요. 우리가 살아 있는 한 이 이야기가 어떤 책으로 완성될지는 아무도 알 수 없습니다. 우리는 다만 쓸 뿐입니다. 다 쓰기도 전에 망했다고 선언하거나 성공했다고 우쭐해할 이유는 없습니다.

결혼을 하고 나면 부부는 공동 저자가 됩니다. 서로 아이디어를 나누고 보완하며 협력을 해 나갑니다. 이따금 의견이 맞지 않아 다투기도 하는데, 각자의 삶을 존중하며 이해하고 대화하는 법을 새로 배워야 합니다. 어렵지만 부부니까 해야 하고 어른이니까 가능한 일입니다. 물론 쉬운 일은 아니지요. 나 하나 책임지기도 어려운데, 배우자와 배우자의 가족까지 일정 부분 책임지는 일이 어떻게 쉽기만 할 수 있을까요? 그런 의미에서 부부 역시 되어 가는 중입니다.

그런데 아이를 갖게 되면 우리는 정말로 어른이 아

니 될 수가 없습니다. 어른은 무언가를 책임지는 존재입니다. 어린아이여도 책임감 있는 모습을 보이면 '어른스럽다'라고 하고, 아무리 나이가 많아도 무책임한 어른을 우리는 '애 같다'고 합니다. 부모는 자기 자신뿐아니라 아이까지 온전히 책임을 져야 하므로 '어쩔 수 없이(?)' 더 어른다운 어른이 될 수밖에 없습니다.

아이가 스스로를 책임질 수 있는 어른이 될 때까지, 다시 말해 아이의 자아가 스스로의 힘으로 설 수 있을 때까지 우리는 아이의 부모 노릇을 하게 됩니다. 아이의 인생에서 우리 부모가 아주 큰 챕터인 것처럼 아이 역시 우리 인생에서 중요한 챕터입니다. 아이 덕분에 우리는 삶을 직면할 수 있고 또 성장할 수 있습니다. 아이는 이제 분리될 수 없는 우리의 삶 그 자체입니다.

진실한 첫 문장처럼

"아이에게 좋은 건 알겠는데 발도르프 교육은 너무 어려워요."

발도르프 교육 방식으로 아이를 키우려는 부모님들이 자주 하시는 하소연입니다. 아이에게 화를 내면 안 되고, "안 돼!"라고 해도 안 되고, 집 안은 늘 말끔히 정돈되어야 하고, 스마트폰도 주어서는 안 되고, 놀잇감은 천연재료여야 하고, 뜨개질도 해 주어야 하고, 이야기도 들려주어야 하고, 노래도 불러 주어야 하고⋯⋯ 좌절을 거듭하다 포기하는 분들을 만나기도 합니다. 해야 할 게 너무 많은데 현실적으로 다 하기는 힘들고, 아이에게 무언가 잘못을 저지른 것 같아 미안하기도 하고요. 그런데 왜 아이에게 그렇게 해야 한다는 걸까요? 안 되는 것도 많고 해야 할 것도 많은데, 왜 그렇게 해야 하는지 이해하기도 어렵다면 지칠 수밖에 없겠죠.

저는 발도르프 교육을 너무 이상화하거나 낭만적으로 접근하지 마시라는 조언을 드리고 싶습니다. 우리는 되어 가는 중이지, 처음부터 완벽한 상태일 수는 없으니까요. 부모 역시 부모가 되어 가는 중입니다. 발도르프 교육 때문에 죄책감이 든다거나 무력감에 빠지기보다 자신감이 생기고 희망이 차올랐으면 합니다. 발도르프 교육은 우리 삶에 실질적인 도움을 주는 교육 사상이지, 공허한 고담준론이 아니기 때문입니다. 그래서 너무 방법론으로 치우치기보다는 스스로의 생각을 돌아보고 '나만의 양육 원칙'을 세우는 데에 발도르프 교육의 인간학이 도움이 되었으면 합니다. 도그마처럼 "이렇게 안 하면 안 돼!"가 아니라 '아이는 대체 어떤 존재이기에 이렇게 하라는 걸까?'라는 질문 속에서 흔들림 없는 원칙을 세우셨으면 합니다.

우리에게는 먹이고 입혀야 할 아이와 당장의 현실이 있습니다. 누구든 아이를 잘 키우기 위해 저마다 최선을 다하고 있지요. 현실이라는 발판 위에 서서, 이상을 바라보는 존재로서 우리는 적절한 균형이 필요합니다. 현실에만 매몰되어서도 안 되겠지만 이상만 추구하며 현실을 내팽개칠 수도 없습니다. 직장 일이 바빠 아이와 함께 보낼 시간이 부족하다면 짧은 시간이라도 집중해서 아이와 놀아 주어야 균형이 잡힙니다. 아이가 너무 어려 온종일 아이를 위해서만 시간을 써야 한다면 잠시 혼자만의 휴식 시간을 갖는 게 균형을 찾을 수 있는 방법입니다. 일상에서 균형감각을 잃으면 상황은 나빠지기만 합니다. 그런데 이상과 현실 사이에서 균형을 잡으며 산다는 게 말처럼 쉽던가요?

이때 중요한 가치가 바로 '진실함'이라고 생각합니다. 헤밍웨이가 이런 말을 한 적이 있지요. "당신이 할 일은 진실한 문장을 딱 한 줄만 쓰는 것이다. 당신이 알고 있는 가장 진실한 문장 한 줄을 쓰라." 다른 사람은 몰라도 작가 자신은 자기 문장이 진실한지, 그렇지 않은지를 직감할 수 있습니다. 진실하다는 건 완벽하다는 게 아닙니다. 진실에 대한 감각은 그 순간에 무엇이 가장 적절했는지를 알려 줍니다.

만약 아이에게 화를 내며 소리를 질렀다면 그 행위의 옳고 그름을 떠나 그것이 자신의 진실이었는지를 돌아볼 수 있습니다. 단순히 '내가 잘못했다, 나는 부모 될 자격이 없다'고 판단할 게 아니라 전체 상황을 돌아보는 것입니다. 독박육아로 너무 지쳐 있을 수도 있고, 어린 시절 부모에게 받은 상처 때문일 수도 있으며, 어릴 적부터 스스로에게 너무 엄격해 숨이 막히는 지경일 수도 있습니다. 아니면, 단순히 약속 시간이 늦어 마음이 급해져서 그럴 수도 있지요. 이런 성찰은 성장의 가능성을 열어 줍니다.

진실함은 올바름과 다릅니다. 도덕적으로 올바른 것과 내적 진실은 차이가 있습니다. 예컨대, 아이가 마트에서 울고불고 떼를 쓴다면 도덕적으로 올바른 행동은 아닙니다. 그러나 그것은 그 순간 아이가 아주 예의 바르게 부모님의 말을 잘 따르는 것보다 진실할 수 있습니다. 아이에게는 그럴 만한 이유가 있을 테니까요. 다른 사람들에게 피해를 주었다면 사과하고 아이에게도 인지시킬 필요가 있지만, 아이의 모습 자체는 판단하거나 평가하지 말고 있는 그대로 봐 주어야 합니다. 오히려 아이는 "나 좀 도와줘"라고 말하는 것일지도 모릅니다. 아이가 배워야 할 것은 떼를 쓰지 않고도 자기가 원하는 바를 정확히 말하고 합리적인 해결책을 찾는 법입니다. 단지 혼만 나고 끝난다면 아이는 아무것도 배울 수 없고 똑같은 행동을 반복할 수밖에 없습니다.

다른 측면에서, 아이가 떼를 쓸 때 부모로서 화나는 감정을 억누르고 웃는 얼굴을 보였다면 진실하지 않은 모습일 것입니다. 그러면 몸에서 반응이 나오겠지요. 나답지 않은 행동이니까요. 아이에게 화내고 소리질러도 된다는 말이 아니라, 자기감정을 알아차리고 진실하게 표현하는 일이 중요하다는 것입니다. 저는 그럴 때 아이에게 "아빠 지금 화가 나"라고 솔직하게 말합니다. 감정은 진실한 내 민낯을 보여 줍니다. 이 감정에 예민하게 깨어 있고 공감하는 일이 '진실함'의 첫걸음입니다. 고맙게도 우리는 감정을 통해 우리에게 지금 무엇이 필요한지를 알 수 있습니다. 감정은 내적 욕구와 연결되기 때문입니다. 부정적인 감정은 지금 우리의 욕구가 채워지지 않고 있음을 알리는 신호입니다.

너무 무리를 하는 것도, 그렇다고 태만히 하는 것도 진실한 모습은 아닙니다. 다른 사람과의 비교를 멈추고 완벽주의적 강박을 내려놓고 나면 진실에 대한 감각이 키워집니다. 그때 비로소 삶에 균형이 잡힐 겁니다. 이것은 '내가 좀 더 나다워지는 과정'이며, 자유로워지는 과정입니다. 자기중심이 바로 세워지는 동시에, 자기중심성에서 차츰 벗어나게 되면서 비로소 마음도 편안해지기 시작합니다. 머리로 '이 정도 했으면 됐어'라고 합리화하는 게 아니라, 부족함을 감수하면서도 충만해지는 어떤 느낌이 듭니다. 발도르프 교육에 대해 공부할수록 저는 알 수 없는 충만감과 내면의 무언가가 치유되는 느낌을 받곤 했습니다.

인간을 위한 교육철학

한번 생각해 보세요. 여러분은 지금 키우고 있는 아이의 나이였을 때 바라는 게 무엇이었나요? 아이가 너무 어려서 그때가 잘 기억나지 않는다면 기억이 나는 어린 시절을 떠올려 보시기 바랍니다. 유치원 때나 초등학교 저학년 때 우리는 무엇을 원했을까요? 아이가 사춘기라면 사춘기 시절에 바라던 것, 대학생이라면 대학생 때의 열망과 고민을 생각해 보세요. 그 당시 우리가 간절히 바라던 것, 거기에 아이를 이해하는 실마리가 있습니다.

어른이 된 우리는 아이가 우리와 얼마나 다른지 깜빡 잊곤 합니다. 쉬운 예로 아이들은 생명력이 넘칩니다. 그렇지 않은가요? 유치원이나 초등학교, 아니 중학교에만 가도 그 활기를 느낄 수 있습니다. 뛰고 구르고 소리치고, 생생한 에너지를 볼 수 있습니다. 기운이 없는 아이가 있다면 그 아이는 어디가 아프거나 피곤한 상태일 것입니다. 이런 아이들을 책상과 의자에 가만히 앉혀 놓기가 얼마나 어려울지 짐작이 가시겠지요.

그런데 여러분은 어떠신가요? 자리에서 일어나 활동적인 무언가를 하고 싶으신가요, 아니면 편안히 앉아 있고 싶으신가요? 아이들처럼 기운이 넘친다면 우리도 춤을 추거나 뛰어놀고 싶을 겁니다. 그러나 우리는 아이들과 달리 기운을 아껴 써야 할 처지입니다.

저는 발도르프 교육을 대단히 인간적인 교육이라고 생각해서 좋아합니다. 무엇보다 인간에 대한 참된 이해를 교육의 핵심 가치로 여기기 때문입니다. 이것은 아이들을 향한 존중을 의미합니다. 아이들은 선생님과 시를 외우고 노래를 부르며 손발을 리듬 있게 움직이는 활동으로 수업을 시작합니다. 지성뿐 아니라 감성과 의지를 중요하게 여기기 때문에 예술 활동이 풍부하게 벌어집니다. 수업 자체가 하나의 예술 작품처럼 느껴질 정도입니다. 흔히 발도르프 교육의 목표를 '아이들의 머리와 손발, 가슴이 조화롭게 발달하도록 돕는 것'이라고 하는데, 사실 이것은 교육 일반의 목표이기도 합니다.

교육은 오로지 인간만을 대상으로 하는 것이니, 교육에서 인간 이해가 중요하다는 것은 새삼스러울 게 없는 말입니다. 아마 인간교육을 이야기하지 않는 교육자는 없을 겁니다. 그런데 학교교육의 역사에서 진정한 인간 이해가 있었던가요? 우리는 정말 사람에 대한 관심이 있는 걸까요? 학교에서 교사로 일하며 저는 의구심을 떨쳐 낼 수 없었습니다. 오랜 세월 교육은 아이들에게 무언가를 집어넣으려고만 했지, 아이들의 내면에 무엇이 있는지, 아이들이 얼마나 경이롭고 창조적인 존재인지, 내면에 얼마나 큰 흥미와 의지를 갖고 있는지는 궁금해하지 않았습니다. 이것은 가정교육에서도 크게 다르지 않았을 거라고 봅니다.

사회가 원하는 인재상을 먼저 정한 뒤에 아이들을 거기에 맞추려는 시도가 성공적으로 보였던 때도 있습니다. 국가 주도의 산업 발달이 왕성하게 이뤄지던 시기에 특히 그랬지요. 우리나라처럼 경쟁이 치열한 사회에서는 아이의 내면을 살피고 발달적 특성을 고려할 겨를이 없었습니다. 어떻게든 남보다 앞서야 하기 때문에 조기교육과 과잉교육이 당연시되었습니다. 최소한 남보다 뒤처지는 것은 용납할 수 없었습니다. 그 속에서 아이들이 겪는 고통은 뒷전이었습니다. 우리나라의 청소년 자살률이 여전히 심각한 수준인 걸 아시지요? 성적을 올리기 위해서는 체벌이 당연하다고 여기던 세태가 그리 오래전 모습이 아닙니다. 정신을 차리고 우리의 현실을 보면 아이에게든 어른에게든 지나치게 가혹하다는 생각이 들 때가 많습니다. 흔히 말하는 것처럼, 우리는 정말로 행복하게 사는 걸 원하는 걸까요? 행복이란 대체 무엇인가요? 정말 중요한 게 무엇인지 묻지 않는 사회는 비극을 낳을 수밖에 없습니다.

사회가 달라져야 한다는 이야기는 많이 나왔습니다. 그런데 근본적인 문제 제기를 하면 세상물정 모르는 사람 취급을 받고, 다른 길을 선택하면 낙오자로 낙인찍히기도 합니다. 경제 발전을 최우선으로 여기는 풍토 덕분에 경제가 급격히 성장했는지 몰라도 그만큼 우리의 정신생활이 병들었다는 사실을 부인할 수 없습니다. 우리 사회의 외형은 너무나 빨리 변화되었고, 변화의 소용돌이 속에서 지켜야 했던 가치들을 많이 잃어버렸습니다. 오늘날 사회의 발전을 가로막는 것은 오히려 인간성 상실과 그에 따른 혐오 문제, 불평등 문제, 갈등 문제 등이라고 할 수 있습니다. 그렇다면 우리는 어떻게 인간적인 가치를 회복해야 할까요? 우리 아이들이 살아갈 사회는 과연 어떤 모습이어야 할까요?

우리 아이들이 살아갈 미래는 우리가 살아왔던 과거와 완전히 다르리라는 사실만큼은 분명합니다. 기존의 공동체 질서는 붕괴되고 있습니다. 공동체 문화 자체가 사라져 버렸지요. 마을이나 학교에서 "공동체, 공동체" 하는 것은 공동체가 사라지고 없기 때문입니다. 집단주의를 바탕으로 했던 전통적 공동체는 사라질 수밖에 없어 보입니다. 실제로 개인의 의식 수준이 많이 높아져서 집단주의가 더 이상 통용되지 않습니다. 가짜 뉴스와 유사과학이 기승을 부리기는 하지만, 합리적인 근거 없이는 사람들을 설득할 수 없는 시대가 되었습니다. 한 사람의 강력한 리더가 카리스마로 이끌어 가는 시대도 아니고요. 이제는 개별 주체들이 각자 책임의식을 갖고 연대하는 방식으로 새로운 공동체가 꾸려질 것입니다.

부모 세대인 우리가 정치적으로 어떤 실천을 하느냐에 따라 사회는 더 좋아질 수도 있고 나빠질 수도 있습니다. 다만 앞으로 인간성이 강조되는 방향으로 나아

갈 것은 확실해 보입니다. 사회구성원으로서 공감 능력과 함께 창조적인 사고력, 불굴의 의지력이 더욱 강조될 것입니다. 따라서 교육의 첫머리에는 인간 본성에 대한 이해가 놓여야 합니다. 아이를 잘 알아야만 인간적인 교육이 가능하기 때문입니다.

아이는 아이답게 크고 싶다

교실에서 아이들을 보고 있으면 똑같은 아이가 하나도 없다는 사실에 놀라곤 합니다. 생김새뿐 아니라 목소리와 걸음걸이, 좋아하는 놀이와 수업, 습관적인 행동이나 주된 사고방식까지 어쩜 그렇게 다른지 신기할 정도입니다. 그런데 한결같은 것도 있습니다. 선생님에게 사랑받고 싶고, 친구들과 즐겁게 어울리고 싶은 욕구는 보편적입니다. 여기에서 제가 말하는 욕구는 영어의 'need'에 해당합니다. 보통 필요, 요구, 욕구라는 뜻으로 쓰이고 어려움, 결핍, 부족 또는 의무, 책임이라는 뜻도 들어 있지요. 통칭하여 '욕구'라고 쓰겠습니다.

누군가를 이해하려면 그 사람이 무슨 생각을 하고 어떤 말을 하는지보다 내적 욕구가 무엇인지를 파악하는 게 더 정확합니다. 우리는 보통 말하는 대로 살기보다 원하는 대로 살기 때문입니다. 그런데 원하는 것도 심층적인 '욕구'와 표면적인 '입장'이 다릅니다. 예를 들어, 시험을 앞둔 아이가 "나 안 자고 공부할래"라고 말하면서 꾸벅꾸벅 조는 것은 지금 당장 잠이 필요하기 때문입니다. 또 누군가는 "이제는 일을 그만 벌이고 한 가지 일에 집중하고 싶어요"라고 말하면서도 실제로는 계속 일을 벌이고 있기도 합니다. 눈에 보이는 대로 관심이 생기는 그 사람의 성향 때문이기도 한데, 새로운 사람을 만나고 안 해 본 일을 할 때의 기쁨이 지루하게 한 가지 일에 집중할 때보다 크기 때문입니다.

아이가 정말로 바라는 건 뭘까요? 여러분은 어떠셨나요? 저마다 상황에 따라 또는 발달 단계나 기질에 따라 제각각일 겁니다. 한동안 부모님과 떨어져 살아야 했다면 부모님과 함께 사는 것이 소원이었겠지요. 다른 형제자매와 비교당하지 않는 것 또는 사랑을 독차지하는 것, 아니면 동네 친구들과 신나게 노는 것이 큰 바람이었을 수도 있습니다. 저는 형제끼리 싸우지 않고 사이좋게 지내기를 바랐고, 피아노를 배우고 싶었습니다. 형제가 많고 가난했던 터라 사춘기 즈음에는 '내 방'을 갖는 것이 소원이었습니다.

아이들이 바라는 것을 보면 참 아이답고 순수합니다. 아주 어린 시절에는 부모님의 사랑과 안정된 가정생활, 자유롭게 노는 일 등을 바라고, 자라면서는 부모님보다 친구들이 좋고 공부든 운동이든 뭔가 잘해서 또래에게 인정받는 게 중요한 욕구입니다. 아이는 발달에 따라 자기에게 필요한 것들을 원합니다. 다만 말로 잘 표현하지 못할 뿐이죠. 의식적으로 분명히 알지 못하니까요. 욕구란 우리 삶을 이끌어 가는 힘이지만 무의식적인 것이어서 주의를 기울이지 않으면 정확히 알기가 어렵습니다. 발도르프 학교에 다니는 아이들이 일반학교 아이들과 다르다고 느낀 것 중 하나는 자기가 무얼하고 싶은지에 대해 아이들이 좀 더 깨어 있다는 것입니다. 좋은 교육은 아이의 내적 욕구에 초점을 맞추는 교육입니다.

아이에게 필요한 것들을 제공해 주되 불필요하고 해가 되는 것들로부터는 보호해 주는 것이 좋은 교육이라면 대체 어떻게 해야 그런 조건들을 알 수 있을까요? 이를 알기 위해 중요한 것은 이론보다 관찰입니다. 관찰을 통해 아이 입장에서 느끼고 생각하는 것이 가장 중요합니다. 발달론이나 기질론을 잘 모른다 해도 아이를 잘 관찰하고 아이의 감정과 욕구에 초점을 맞추어 접근한다면 부모님이 제시하는 것을 아이는 편안하게 수용할 수 있습니다. 이것은 사랑의 정의와도 비슷합니다. 내가 하고 싶은 대로 하는 게 사랑이 아니라 상대에게 필요한 것을 제공해 주는 게 진정한 사랑이겠지요. 그러려면 정말로 관심을 갖고 잘 살펴봐야 합니다.

우리는 아이를 사랑한다고 말하면서 아이가 원하지도 않고 필요하지도 않는 것을 강요하곤 합니다. 예를 들어, 아이가 어릴 때는 안아 주고 스킨십을 해 주는 게 필요하고 또 아이도 좋아합니다. 어린아이들이 굉장히 많이 하는 말이 "안아 줘"지요. 그런데 요즘에는 부모님들께서 아이의 그런 기본적 욕구를 충분히 채워 주지 못하는 경우가 많습니다. 어린 시절 채워지지 못한 아이의 욕구는 사춘기에 가까워질수록 불만으로 표출됩니다. 사춘기가 시작되는 초등학교 고학년쯤 되면 아이는 달라진 모습을 보여 줍니다. 스킨십을 피할 뿐 아니라 이따금 부모님에게 차갑게 대할 수도 있습니다. 어느 날 달라진 아이의 모습이 서운할 수 있지만, 내가 하고 싶다고 해서 아이를 계속 껴안고 뽀뽀할 수는 없는 노릇입니다.

더 큰 문제는 학습과 관련됩니다. 우리나라에는 초등학생에게 벌써 중학교, 고등학교 수학을 선행학습시키는 학원이 존재합니다. 심지어 유치원 때부터 온갖 과목을 시작하는 경우도 있지요. 한글뿐 아니라 영어, 수학, 과학, 한자 심지어 중국어까지 가르치는 유치원도 있습니다. 그런데 아이들이 과연 그런 선행학습을 원할까요? 아니, 그런 것이 필요하기나 할까요? 오히려 해가 되지는 않을까요? 아이들은 눈 깜짝할 사이에 자라고, 발달 과정에 따라 원하는 것과 필요한 것이 달라집니다. 아이를 진정으로 사랑하려면 아이가 어떤 과정을 거치며 자라는지를 전체적으로 알아 둘 필요가 있습니다.

덧붙여, 부모로서 우리는 우리 자신의 욕구에 좀 더 깨어 있을 필요가 있습니다. 아이를 키우는 게 힘들다고 느껴질 때는 아이에게 필요한 게 무엇인지 확신이 들지 않아서이기도 하지만, 부모로서 우리가 원하는 삶이 무엇인지 분명하지 않기 때문일 수 있습니다. 여러분이 바라는 가정은 어떤 모습인가요? 아이에게 정말로 바라는 모습은 무엇일까요? 지금 스스로에게 간절히 필요한 건 어떤 것들이 있나요? 휴식? 격려? 여행?

공부? 이런 질문을 스스로에게도 종종 해 주시길 바랍니다. 원하는 게 분명할 때 힘이 나는 법이니까요.

아이의 의지는 어떻게 발달할까

　욕구는 의지와 밀접한 관련이 있기 때문에 좀 더 자세히 살펴보겠습니다. 중국의 마지막 황제 푸이를 아시나요? 이탈리아 영화감독 베르나르도 베르톨루치의 영화『마지막 황제』가 우리나라에서 개봉한 게 1988년이라 잘 모르실 수도 있겠네요. 푸이가 황제로 즉위한 것은 겨우 세 살 때였습니다. 한창 까불면서 부모님의 사랑을 받아야 할 나이에 그는 꼭두각시 같은 황제의 삶을 살아야 했습니다. 영화를 보면 나이 든 푸이는 더이상 황제가 아니고 일반 시민이 되었지만 의지박약아 같은 모습을 보여 줍니다. 실제로 그는 스스로 세수하고 양치하는 것도 힘들어했다고 합니다. 어린 시절 너무 떠받들려 살다 보니 의지력을 키우지 못한 거죠.

　교육이 아이들의 의지력을 키워 줘야 한다는 이야

기가 많이 나오긴 하는데, 정작 우리는 의지가 무엇인지 잘 모릅니다. 의지란 대체 무엇이고, 어떻게 발달하는 걸까요? 사전적으로 의지는 무언가를 이루려는 마음이며 바라는 마음으로, 내적 욕구와 관련이 깊습니다. 발도르프 교육에서는 의지의 주체인 나, 즉 자아를 중요하게 바라봅니다. 의지란 '내가 무언가를 이루려는 것'이므로, '나의 내적 욕구를 어떻게 인식하느냐'가 중요해집니다.

'내 삶을 내가 이끌어 간다'는 느낌을 '자아감'이라고 할 때 그것을 이끌어 갈 수 있는 능력은 '자기통제력'에 해당합니다. 우리는 누구나 자아감을 느끼고 싶어 합니다. 자아감은 존재감 또는 자존감의 다른 말로, 어린 시절에 자아감이 잘 형성되지 못하면 자기를 지키기 위해 필요 이상으로 고집스러워지거나 위축되며 감정을 잘 조절하지 못합니다. 제 딸아이를 비롯해서 제가 만났던 아이들은 모두 자기 인생을 잘 살고 싶어 했습니다. 무시당하기보다 존중받고 싶고, 마음먹은 일은 꼭 이루어지길 원합니다. 발달 단계에 따라 자아감을 충분히 느끼고 자기통제력을 적절하게 키운 아이는 의지력 또한 강해집니다. 여기에서의 원칙은 어릴수록 아이의 욕구를 민감하게 파악하고 잘 채워 주되 아이가 커 갈수록 스스로 책임질 수 있게 도와야 한다는 것입니다.

발도르프 교육의 창시자 루돌프 슈타이너는 의지가 아이의 발달과 함께 본능에서 충동으로, 충동에서 욕망으로, 욕망에서 동기로 변화한다고 설명합니다. 아이가 태어난 뒤에 하는 행동을 잘 관찰해 보면 아기는 참 본능적으로 살아갑니다. 가르친 적도 없는데 갓난아기는 엄마 젖을 찾고, 손가락을 주면 움켜쥐고 또 장난감을 입으로 가져와 물고 빱니다. 이것을 '초기반사'라고 하는데요, 시간이 지나면 점차 사라지는 행동입니다. 이어서 아기는 고개를 가누고 몸을 뒤집고 배밀이를 시작합니다. 이런 행동들은 본능에 따라서 하는 것입니다. 하루 종일 먹고 싸고 놀고 자는 일련의 행위들 역시 모두 본능적입니다. 의지의 첫 번째 단계가 바로 이 본능입니다.

동물과 달리 우리 인간은 배워야 할 것이 참 많지요. 기저귀에 대소변을 마음대로 보던 아이가 두 돌쯤 지나면 변기에 앉아 대소변 가리는 법을 배웁니다. 서너 살이 지나서 기저귀를 뗀다고 해도 문제 될 것은 없습니다. 프로이트는 이 시기를 '항문기'라고 부르며, 이 때 조급하게 굴거나 강압적으로 배변 훈련을 시키면 나중에 문제적 성격이 될 수 있다고 경고하기도 합니다. 본능뿐이던 아기의 의지가 부모의 격려와 리듬 있는 반복, 모방을 통해 습관의 힘으로 발전합니다. 만 2~3세 즈음 아이는 본능적인 삶에서 조금씩 벗어납니다. 이때 아이를 이끌어 주는 힘은 부모의 권위와 아이의 모방 욕구입니다.

이때에는 아이의 놀이도 바뀝니다. 책장의 책이나 찬장 속 냄비를 끄집어내며 놀던 아이가 어느 날부터 물건들을 배열하며 놀기 시작합니다. 컵들을 기차처럼 길게 늘어놓기도 하고, 비슷한 물건끼리 짝지어 놓기도 합니다. 점점 질서를 만들고 싶은 충동이 생기기 때문입니다. 본능적인 의지는 점점 내면화되어 갑니다. 이 시기에는 점차 판타지*가 생기면서 소꿉놀이를 하고 혼자 놀기보다 친구와 함께 노는 것을 좋아합니다. 이때 아이들은 내적 충동에 따라 가끔 버르장머리 없는 짓을 벌이기도 하는데요, 입에 든 음식물을 엄마 아빠

---

* 발도르프 교육에서는 호감이 강해지면 판타지가 생성된다고 봅니다. 현실에 없는 것을 있는 것처럼 느끼는 상념이 판타지인데, '환상'이라고 번역하기보다 원어 그대로 사용하는 것이 의미를 잘 살린다고 생각합니다. 그리고 판타지가 충분히 강해지면 형상 작용, 즉 상상(Imagination)이 생겨납니다. 호감, 판타지, 상상 모두 의지에서 비롯된다고 슈타이너는 설명합니다.

얼굴에 뱉는다든지, 잘 갖고 놀던 장난감을 갑자기 동생에게 내던지기도 합니다. 이처럼 충동적인 행동은 부모의 권위로 다듬어질 필요가 있습니다.

충동의 힘은 습관의 힘이기도 합니다. 이 시기의 의지적 특성을 잘 드러내는 속담이 바로 "세 살 버릇 여든까지 간다"입니다. 세 살 무렵까지 형성된 습관이 평생을 간다는 것은 의미심장합니다. 이것은 초기 육아에 얼마나 정성을 기울였느냐에 따라 이후 아이를 키우는 데 들어가는 에너지와 시간이 그만큼 절약된다는 뜻이기도 하니까요. 이 시기의 아이는 모방의 천재이기도 해서 주변 사람의 행동뿐 아니라 생각과 감정까지 자기 것으로 가져옵니다. 그러니 아이에게 좋은 습관을 만들어 주려면 아이가 모방할 만큼 좋은 환경을 만들어 주어야 하고, 부모님이 모든 일에서 좋은 모범이 되는 수밖에 없습니다.

아이의 의지적 힘은 이제 욕망이 될 것입니다. 보통 10대가 겪는 질풍노도의 시기는 타오르는 욕망의 시기이기도 합니다. 무언가를 하고 싶고, 되고 싶고, 사고 싶은 열망이 넘치는 때입니다. 그런데 만약 자기가 원하는 건 다 이루어져야 한다고 믿는 아이가 있다면 어떨까요? 마지막 황제 푸이처럼 말입니다. 사실 이런 아이가 요즘에는 꽤나 많습니다. 기질적 특성과 무관하게 이런 신념이 형성된 아이는 주변 사람들과 조화를 이루기 어렵습니다. 참을성이 없고 어떤 상황에서든 자기주장을 굽히지 않기 때문입니다. 이것은 부정적인 자아감, 다시 말해 이기주의가 팽배해진 상태에 지나지 않습니다. 내 삶의 주인이 나라는 것과 세상의 중심이 나라는 것은 전혀 다른 개념입니다. 내 삶의 주인이 나인 것처럼 다른 사람 역시 각자 삶의 주인이므로 아이는 나의 욕망과 타인의 욕망을 함께 고려할 수 있어야 합니다.

사람이 동물과 다른 이유는 이기주의를 넘어 서로 협력하고 삶의 의미를 찾기 때문일 것입니다. 동기는 욕망이 자아와 연결되어 행동의 이유를 인식하고 의지를 내는 것입니다. 아이들은 학교에 다니며 동기에 따라 사는 법을 조금씩 배워 갑니다. 그냥 하고 싶어서 하는 게 아니라 왜 해야 하는지, 어떤 의미가 있는지를 아는 게 동기에 따라 사는 것입니다. 하기 싫은 일도 동기에 따라서는 묵묵히 해야 할 때가 있지요. 너무 어린 시절부터 동기를 의식할 필요는 없지만, 최소한 사춘기 이후에는 외적 동기에서 점점 내적 동기를 찾도록 도와야 합니다. 정말 강력한 의지는 자발적인 동기에 따라 살 때 나오기 때문입니다.

자기 이유를 가져야만 우리는 자유로울 수 있고, 꺼지지 않는 소망을 가질 수 있습니다. 내 의지로 삶을 이끌어 갈 때 우리는 저마다의 삶에서 진정한 주인이 될 수 있습니다.

인간의 네 가지 구성 요소

발도르프 교육철학이 놀라운 이유는 영성을 포함하는 독특한 인간학 때문입니다. 인간을 단순히 생리적 관점과 심리적 관점으로만 보는 것이 아니라 정신적 또는 영적 관점으로도 접근합니다. 종교가 있는 분들은 좀 덜하실 텐데, 인간이 영적 존재이기도 하다는 주장에 거부감을 느낄 분들이 계실 수 있겠습니다. 괜찮다면 인식의 지평을 넓힐 수 있다는 생각으로 마음을 열고 들어 주시길 바랍니다.

슈타이너가 쓴 책을 보면 '물질체, 에테르체, 아스트랄체, 자아'라는 생소한 개념이 나옵니다. 저는 '몸, 기운, 마음, 나'로 바꿔 말하기도 하는데요, 발도르프 교육을 깊이 공부하길 원하시는 분은 피해 갈 수 없는 내용이므로 잠깐 소개를 드리고자 합니다. 어렵게 느껴

진다면 넘겼다가 나중에 확인하셔도 좋습니다.

슈타이너는 우리가 물질세계뿐 아니라 정신세계와 영혼세계에서도 살아간다고 말합니다. 영혼을 가진 인간은 물질적 요소와 정신적 요소를 모두 포함하고 있지요. 구체적으로 우리는 물질적인 몸, 즉 물질체를 갖습니다. 죽으면 흙으로 돌아갈 우리의 몸은 광물과 같은 물질적 소재와 힘으로 구성됩니다. 광물계에서 작용하는 것과 똑같은 법칙에 따라, 동일한 성분으로 형성되고 분해된다고 할 수 있습니다. 이 물질체가 첫 번째 구성 요소입니다.

우리가 살아 있는 것은 생명력이 있기 때문입니다. 활력, 생기, 기운 등 다른 표현도 가능합니다. 인간의 두 번째 구성 요소인 에테르체는 생명력이자 형성력으로서 물질적인 몸이 성장하고 생식하며 살아갈 수 있도록 작용하는 동시에 신체기관의 형태를 구성합니다. 광물계에는 존재하지 않는 에테르체를 우리는 식물 및 동물계와 공유합니다.

아스트랄체의 아스트랄은 별을 뜻하는 아스터Aster의 형용사형으로, 이 세 번째 구성 요소가 태양과 같은 별에서 온 것임을 암시합니다. 감정체 또는 영혼체로도 불리는 아스트랄체는 기쁨과 즐거움, 슬픔, 두려움, 고통, 흥미, 충동, 열망 등의 운반자입니다. 마음이자 의식이기도 한 이것은 인간과 동물만이 공유하는 것으로, 아스트랄체가 사라진 상태의 사람을 우리는 식물인간이라고 부릅니다.

인간의 네 번째 구성 요소는 오로지 우리 인간만이 갖고 있는 자아입니다. 자아는 정신적 요소이기도 합니다. 자아, 즉 '나'는 세상에 단 하나뿐인 고유한 존재로서 인간의 본성이며, 영혼 안에 살고 있는 동시에 정신의 집이 되기도 합니다. 정신은 '나' 속에서 빛을 밝히고, 이 지상에서 '나'를 통해 그 뜻을 펼쳐 갑니다. 우리가 흔히 정신줄이 끊어지면 동물 수준으로 떨어진다고 하는 말은 바로 이 자아의 속성을 잘 설명해 줍니다.

인간이 인간일 수 있는 것은 자아가 있기 때문입니다. 술에 취해 인사불성이 된 사람이 원숭이처럼 말이 많아지다가 늑대처럼 사나워지는 것은 자아의 힘이 약해져서 나타나는 현상입니다. 슈타이너는 '정치적 알코올 중독'이라는 말로 카리스마 넘치는 지도자와 그 집단에 자신의 자아를 양도하는 행위의 위험성을 지적했습니다. 이성적인 사고를 벗어던지고 지도자를 맹신하며 열광하는 것이 정치적 알코올 중독입니다. 안타깝게도 슈타이너 사후 독일에는 히틀러가 등장했고 비극적 역사가 '자유로부터 도피'한 사람들에 의해 자행된 바 있습니다.

역사를 살펴보면 많은 독재자가 교육과 언론을 통해 이러한 대중심리를 효과적으로 활용해 왔습니다. 정치적 반대자는 가혹한 고문으로 자아를 굴복시켰고요. 다른 사람의 자아를 무너지게 하는 것이야말로 폭력이라는 현상의 본질입니다. 물리적 폭력이나 성적 폭력을 당한 피해자들이 "나는 그때 죽었다"라고 고백하는 것은 놀라운 일이 아닙니다. 교육의 본질이 자아를 건강하게 성장시키는 것이라면 범죄나 갈등 사건에서 피해 회복의 본질은 무너진 자아를 일으켜 세우는 것입니다.

인간의 구성 요소는 하위 요소가 상위 요소의 지배를 받을 때 건강합니다. 우리의 몸은 기운이 안정될 때 건강하고, 기운은 마음이 평온할 때 힘을 잃지 않습니다. "기분이 기운이다"라는 말이 있지요. 마음이 어지럽고 감정에 휘둘릴 때 기운이 빠지고 몸이 상하는 것을 우리는 자주 경험합니다. 이 마음을 다스릴 수 있는 것은 다름 아닌 '나'입니다. 발도르프 교육에서는 이 네 가지 구성 요소가 대단히 중요하게 다뤄집니다.

2

부모로서 꼭 알아야 할 아이의 발달 과정

어머니가 아기를 위해 들려주는 기도

그대를 붙잡아 줄 수 있는 빛이
그대 안으로 흘러들기를.
나는 내 사랑의 따스함으로 그 빛줄기와 함께합니다.
나는 내 생각 중에서 가장 즐거운 생각들로
그대의 가슴을 뛰게 할 것들을 헤아려 봅니다.
그 생각들이 그대를 강하게 하고
그대를 이끌어 주며
그대를 깨끗하게 할 것입니다.

나는 내 즐거운 생각들을
그대 삶의 발걸음 앞에 모아 놓고자 합니다.
그래서 그대 삶의 의지가 그 생각들과 연결되고
강해질 수 있기를, 온 세상에서
점점 더, 자기 자신을 통해.

— 루돌프 슈타이너

아이는 언제 어른이 되나

여러분은 아이가 언제쯤 어른이 된다고 보시나요? 구체적으로 몇 살쯤 아이들은 성인이 될까요? 스물다섯? 열아홉? 서른? 직장을 가질 때쯤요? 그러면 자녀가 대략 몇 살에 직장을 가질까요?

아이가 언제 어른이 되는지를 아는 것은 중요한 일입니다. 우리의 양육 의무는 아이가 어른이 될 때까지니까요. 아이가 아직 어른이 안 되었는데 제대로 보살피지 않으면 지탄의 대상이 되는 것처럼, 아이가 어른이 되었는데도 붙잡고 있는 건 진정한 사랑이 아닙니다. 어른이 되었다면 자기가 자기를 책임질 수 있게 된 것이니 자유롭게 놓아주는 게 사랑입니다. 영혼에도 탯줄이 있다면 그것을 끊어 줄 필요가 있지요. 두렵고 걱정스럽다 해도 어른이 된 이상 아이의 인생은 이제 철저히 아이의 몫입니다.

발도르프 교육에서는 만 21세쯤이면 어른이 된다고 봅니다. 발도르프 교육학이 나온 지도 100년이 넘었으니 변화가 있을 수도 있겠습니다. 요즘 아이들의 신체적 발달을 볼 때 10대 중후반쯤이면 벌써 어른과 차이기 없어 보이는데, 내적 발달은 예전보다 늦어지는 듯합니다. 사람마다 차이가 있겠지만 대략 20대 초반에 자아, 다시 말해 자아정체성이 확립된다고 할 수 있습니다.

물론 직장을 갖지 못하면 경제적으로 독립하기가 어렵습니다. 경제적으로 홀로서기를 못한 상태에서는 부모로부터 독립하기가 무척 어렵지요. 예전에 여성이 가부장에게 종속되어 살아야 했던 이유 중 하나도 여성이 가질 수 있는 일자리가 마땅치 않아서였습니다. 교육 기회의 확대와 더불어 경제적 독립도 여성 인권이 크게 신장한 계기입니다. 마찬가지로 아이 역시 경제적 독립 없이 생활의 독립을 쟁취하기 어려울 것입니다. 우리 사회에서 처음 취업하는 연령이 대략 20대 중반에서 30대 초반, 빨라도 20대 초반쯤이니 어른이 되는게 만만한 일은 아닌 것 같습니다.

그런데 경제적 독립이 꼭 선행되어야만 자아가 독립하는 것은 아닙니다. 여러분 중에도 고등학교나 중학교만 졸업하고도 집에서 나와 독립한 분이 계실 겁니다. 아르바이트를 몇 개씩 뛰면서 고학을 한 분도 계실 테고요. 100년 전 같으면 10대 후반에 만주로 건너가 독립운동을 한 분도 계시겠지요. 아무래도 환경과 교육의 영향이 클 텐데요, 문화적으로는 과거에 비해 확실히 어른으로 인정받는 나이가 늦춰진 것 같기도 합니다. 대학생이 되었는데도 여전히 보호받아야 할 아이로 여겨지는 경우가 많습니다. 군대에 안 다녀온 남성은 20대가 훌쩍 넘었어도 아직 어른이 덜 되었다고 보는 풍조도 남아 있고요.

만 21세를 전후해 자아가 독립되었다는 것을 어떻게 알 수 있을까요? 힘들게 대학에 간 아이가 어느 날 대학을 그만두고 세계여행을 가겠다고 하면 부모로서 어떤 기분이 들까요? 겨우겨우 좋은 대학에 보냈는데 아이가 적성에 맞지 않는 것 같으니 그만두고 자기 사업을 하겠다고 선언한다면요. 부모님 입장에서는 황당하시겠지요. 그냥 하나의 예시 상황이니 상상해 보시기 바랍니다. 그러면 일단 설득을 하려고 하겠지요. "지금 네가 다니는 학과가 얼마나 유망한데 그만둔다고 그러니? 얼마나 고생해서 들어간 건데. 말도 안 되는 소리 하지 말고 빨리 졸업할 생각이나 해!" 이렇게 말하면 아이는 뭐라고 답할까요? "그건 엄마 아빠 생각이고 내 생각은 달라!" 이렇게 말하지 않을까요? 상상일 뿐이지만 가슴이 답답해집니다. 그런데 이건 아이에게 자기 생각이 확고하게 생겼다는 증거입니다. 다른 말로 '사고 생활의 독립' 또는 '자아정체성의 확립', 이렇게 표현할 수 있습니다. 어른이 된 것입니다.

어른의 특징 중 하나가 남의 말을 잘 듣지 않는다는 것인데요, 저는 이걸 나쁘게 보지 않습니다. 우리는 저마다 자기 생각이 있기 때문입니다. 남의 생각은 참고만 할 뿐이지요. 어른이 되었는데도 자기주장, 자기 원칙이 없고 남의 얘기에 휘둘리기만 한다면 오히려 삶이 대단히 어려울 수밖에 없습니다. 아이를 키우면서도 육아에 관한 원칙이 없을 때 가장 헤매기 마련입니다. 자기 생각에만 빠져 있는 것 역시 좋지 않겠지만 어른이라면 자기 주관은 있어야 합니다.

사고 생활이 독립된 아이는 더 이상 부모의 말을 듣지 않습니다. 돈을 준다면 회유할 가능성이 있을지도 모르겠네요. 하지만 이미 아이는 '남'이 된 것입니다. 그러니 이제는 자유롭게 놔줄 필요가 있습니다. 스스로 판단하고 결정하되 책임도 스스로 질 수 있도록 말이죠. 그래야 우리도 자유로울 수 있습니다. 어느 시기 이후에는 경제적으로도 지원을 끊거나 지원해 주더라도 무상은 아니고 갚아야 할 빚이라는 걸 알려 주어야 합니다. 여기까지가 부모로서 우리가 짊어져야 할 양육의 의무입니다.

아기를 가진 부모를 위해

"모든 일에는 다 때가 있다"라는 말이 있지요. 저는 이 말이 가장 와 닿았던 게 아이가 생기기 직전이었던 것 같습니다. 아내와 단둘이 지내는 일에 불만이 전혀 없었는데, 어느 날부터 허전한 느낌이 들었습니다. 길에서 만나는 아기들이 모두 예뻐 보이기 시작할 때였을 겁니다. 일찍 잠이 깬 어느 날 새벽, 거실에 앉아 있다가 문득 아기가 있으면 참 좋겠다는 생각이 들었습니다. 그 생각은 곧 간절함이 되어 오랫동안 가슴에 묵직하게 남았습니다. 발도르프 교육에서는 아이가 부모를 선택해서 온다는 이야기가 있어서, 어서 간택되기를 기다렸지요. '그때'가 어서 오기를 기다리고 또 기다렸습니다.

탄생을 향해 가고 있는 사람은 이미 지구상에 육체적
으로 존재하고 있는 사람으로부터 형상을 가져온다.
이 경우 대부분은 어머니로부터 먼저 모습을 가져온
다. 그러니까 탄생을 향해 가고 있는 사람은 유독 어
머니를 내려다본다는 말이다. 그 사람은 또 아버지로
부터도 형상을 받는데, 이것은 어머니가 아버지의 형
상을 자기 영혼 속에 이미 담고 있음으로 해서 이루어
진다.*

아기가 생겼다는 말을 아내에게 듣고 얼마나 기뻤
는지 모릅니다. 우주 어딘가에서 간절한 마음의 소리
를 듣고 응답이 온 것처럼 신기하고 설렜습니다. 기분
탓일지 모르지만 잉태된 아기와 뭔가 깊은 인연이 있을
것 같았습니다. 이때는 눈을 들어 밤하늘의 별들만 봐
도 가슴이 벅찼습니다. 자, 그렇다면 이제 태교는 어떻
게 준비해야 할까요? 발도르프 교육만의 독특한 태교
법이 있지 않을까요? 그런데 그런 것은 없었습니다. 슈
타이너는 태교라는 것이 원칙적으로 무의미하다고 말
합니다. 아기는 세상과 차단되어 있고, 엄마 뱃속이 세
상의 전부이기 때문입니다. 태아에게 세계는 오로지 엄

---

* 루돌프 슈타이너, 조준영 옮김, 『어머니와 아이들을 위한
기도』, 섬돌, 2011, 22~23쪽.

마일 뿐입니다.

1997년 미국 피츠버그대 의과 교수인 버나드 데블린은 학술지 『네이처』에 기고한 논문에서 자궁 내 환경이 아이의 지능지수에 영향을 미친다는 연구 결과를 발표했습니다. 그러나 이것은 태내에서의 충분한 영양 공급과 산모의 평안한 마음, 유해물질 차단 등 전통적 요인들의 영향이지 태교 덕분은 아닙니다. 탯줄에는 혈관이 있을 뿐 신경은 없으니까요. 수학 태교라고 해서 엄마가 『수학의 정석』을 풀어야 할 이유도 없고, 인도식 19단을 암기할 필요도 없습니다. 슈타이너는 "아이가 세상의 빛을 보기도 전에 교육시켜야겠다는 생각을 덜 할수록, 진실하고 올바른 삶을 살아가려는 생각을 더 할수록 아이를 위해서는 더 좋은 것"이라고 말합니다.**

굳이 태교를 한다면 엄마가 아기를 가진 동안 즐겁고 건강하게 생활하면 충분합니다. 도덕적이고 이성적으로 진실한 것을 추구하는 태도를 갖는다면 더할 나위 없이 좋겠지요. 이는 엄마의 일이기도 하지만 아빠의 노력과 사회적 지원 역시 중요한 요인입니다. 아기가 태어난 뒤의 육아 역시 전적으로 엄마의 일로 인식

** 루돌프 슈타이너, 최혜경 옮김, 『인간에 대한 보편적인 앎』, 밝은누리, 2007, 37쪽.

되어서는 안 됩니다. 출산 후 산모는 여성호르몬의 급격한 변화를 경험합니다. 이 때문에 우울감이 찾아오기 쉽습니다. 이때 잘 쉬고 충분한 수면을 취하지 못하면 우울감이 우울증으로 발전할 수 있습니다. 이를 방지하기 위해서 산모는 감정적 어려움을 주변에 충분히 표현하고, 운동과 휴식을 잘 취할 수 있어야 합니다. 무엇보다 과도한 중압감에 빠지거나 혼자 모든 걸 다 하려고 해서는 안 됩니다. 아기가 바라는 것은 완벽한 육아 환경보다 오히려 엄마의 마음이 행복하고 편안한 것일 테니까요.

발도르프 교육에서는 아기가 태어나기 전, 잉태되는 순간부터 천사들의 보호를 받는다고 이야기합니다. 정신적인 존재들이 아기와 산모를 돕는다는 이야기는 상상만으로도 우리 마음을 따뜻하게 해 줍니다. 저 천상에서 천사들과 함께 내려온 아이를 맞이하기 위해 우리가 할 일은 정신세계를 향해 마음을 여는 것일 겁니다.

영유아기 아이가 필요로 하는 것들

아이가 태어났을 때를 생각하면 아무리 성인이 되었어도 아이는 철없는 어린아이 같습니다. 구순의 어머니가 환갑이 넘은 자식에게 "아가, 길 건널 때 차 조심해라"라고 당부하는 것처럼요. 정말로 철없는 어린아이를 키우는 부모님이라면 당장은 우리 품 안에 있는 아이가 언젠가 우리 곁을 떠나 독립할 때를 상상해 보시는 게 좋겠습니다. 조금씩 마음의 준비를 하는 것도 필요합니다. 어른인 우리는 별로 달라지는 게 없지만 아이는 생각보다 빨리 자라고, 성장 과정에서 신체적으로 또 심리적으로 질적인 변화를 여러 차례 보여 줄 테니까요. 아무런 준비 없이 지내다 보면 어느 순간 '멘붕'에 빠질 때가 오기도 합니다. 아이의 발달에 대해 이해하고 있다면 좀 더 편안하게 아이의 성장을 바라볼 수 있겠지요.

탄생과 함께 아이는 자신만의 삶을 시작합니다. 태어나기 전에 아이의 몸은 엄마의 몸 안에서 보호를 받습니다. 그러다가 엄마로부터 물질적 몸이 독립하고 나면 아이는 외부의 물질적 환경에서 살아가야 합니다. 엄마로부디 받았넌 영양과 여러 생리적 힘을 이제는 외부의 물질세계로부터 제공받아야 합니다. 엄마 뱃속에서 아이는 열 달 가까이 세상과 직접 만날 준비를 해 왔습니다. 여전히 천사의 도움을 받긴 하지만 아이에게는 스스로 해 내야 할 새로운 과제가 생겼습니다. 바로 자기 몸을 만드는 일입니다. 신체기관의 고유한 형태와 기능을 스스로 형성해 가는 것이야말로 영유아기 아이들의 가장 큰 과제입니다. 0세에서 7세 때까지 형성된 신체기관을 기본으로 이후의 성장이 이루어지기 때문입니다.*

천사라는 말이 불편하실 수도 있겠습니다. 그런데 아이를 이해하려면 잿빛의 개념적 사고로는 충분하지 않습니다. 생생하게 살아 있는 상상력과 정신적으로 고양된 이미지들은 경이로운 아이들의 세계를 이해하는 데 큰 도움을 줍니다. 아이는 부모에게 몸을 받아 정

---

* 루돌프 슈타이너, 이정희 옮김, 『발도르프 아동교육』, 씽크스마트, 2017, 55쪽.

신세계에서 이 지상으로 왔지만 아이의 자아는 아직 아이의 몸에 완전히 육화된 상태가 아닙니다. 정신적 자아는 아이 주변의 환경에 퍼져 있고, 따라서 아이는 스펀지처럼 환경의 영향을 크게 받습니다. 물리적 공간뿐 아니라 주변 어른들의 도덕적이거나 비도덕적인 행위, 현명하거나 어리석은 생각까지 모방을 하며, 그것을 자기 몸의 발달에 연결합니다. 어떤 환경을 제공하느냐에 따라 아이들은 그에 걸맞게 자신의 신체기관을 형성하게 됩니다.

이제 막 태어난 아기에게 세상은 어떻게 다가올까요? 아기는 완전히 감각적인 존재로 태어납니다. 이 말은 머리에서 발끝까지 모든 감각이 세상에 완전히 열려 있다는 뜻입니다. 운전면허가 있는 분들은 처음 도로주행을 하러 나온 날을 잊지 못하실 겁니다. 차가 뒤엉킨 시내 한복판에서 초보운전자는 거의 무방비로 수많은 정보에 노출됩니다. 정신이 하나도 없고 작은 일도 충격으로 다가오지요. 아기는 그보다 수천 배, 수만 배 더 얼떨떨한 상태입니다. 한 번도 경험해 보지 못한 시각, 청각, 후각, 미각, 촉각적 자극이 큰 충격으로 다가옵니다. 그래서 갓난아기일수록 더 조심스럽게 수많은 자극으로부터 보호해 주어야 합니다.

아기에게 따뜻한 옷을 입히고 방의 조명을 너무 밝게 하지 않는 것 그리고 살구꽃처럼 아름다운 분홍빛 벽지와 커튼으로 방을 꾸미는 것은 아기의 감각적 특성을 고려한 일입니다. 초기에는 되도록 엄마 뱃속처럼 아늑하고 따스한 환경으로 꾸며 주는 게 좋습니다. 적절한 환경을 마련해 준다면 아이는 자기 몸에 상응하는 적절한 욕구를 갖게 될 것입니다. 그러나 영유아에 대한 이해가 없어 적절치 못한 환경을 제공한다면 아이는 건강한 감각적 욕구를 형성할 수 없습니다. 예를 들어 일찍부터 너무 단 것을 주거나 지나치게 많이 먹이면 아이는 건강한 영양 본능을 잃게 됩니다. 적절한 식습관을 갖도록 도와준다면 자기 몸에 해로운 음식을 스스로 거부할 것입니다. 이와 관련해 아이가 태어났을 때 제가 정한 확고한 원칙은 "설탕이 들어간 음식은 주지 않는다"였습니다. 일곱 살이 된 지금도 사탕은 되도록 주지 않으려 합니다. 물론 원칙을 지키기가 얼마나 어려운지 아주 잘 알고 있습니다. 지금까지 지키고 있는 또 다른 원칙은 "스마트폰을 주지 않는다"입니다.

어떤 감각 경험을 제공하느냐도 중요하지만, 아기

에게 가장 큰 영향을 주는 환경은 양육자의 태도입니다. 아이에게는 우리가 늘 모범이 됩니다. 부모로서 우리가 감사의 마음과 함께 기쁨과 즐거움으로 아이 앞에 설 수 있다면 아이는 진정한 사랑을 느낄 것입니다. 아이는 사랑하는 엄마 아빠처럼 일어나 걸으려 하고, 말을 배워 대화를 하려 할 것입니다. 이것은 모두 모방을 통해 벌어지는 일입니다. 만약 늑대나 개가 신생아를 데려가 키웠다면 아이는 네 발로 걷고 하울링을 하겠지요. 엄마 아빠의 관심과 칭찬 속에서 아이는 돌쯤에 걷고 두 돌쯤에 말하며 세 돌쯤 스스로 생각하는 법을 배워 갑니다. 이 또한 천사들의 도움이 깃들어 있음을 떠올린다면 육아가 외롭고 힘들게 느껴질 때 든든한 마음이 들 것입니다.

어린아이는 손발이 깨어 온종일 놀이를 하느라 여념이 없지만 의식적으로 잠이 들어 있습니다. 이에 비해 우리는 의식적으로 깨어 있지만 손발이 잠들어 가만히 책을 보거나 영상물을 보는 게 더 좋죠. 아이처럼 뛰어놀 기운도 없고요. 어린아이를 보면 정말 기운이 넘칩니다. 넘치는 기운으로 신나게 놀면서도 자기 몸을 형성하느라 바쁩니다. 자기 것만이 아니라 주변 어른의 기운까지 빼앗아 올 정도입니다. 아이와 놀아 주면 금세 진이 빠지는 이유를 아시겠지요? 어린아이를 키우는 부모일수록 잘 먹고 잘 자고 감정을 잘 다스려서 자기 기운을 지켜야 합니다.

영유아기 아이에게 지적인 학습이 불필요한 것은, 이처럼 신체기관을 만드는 데 생명력이 온전히 쓰여야 하기도 하지만 지적 학습이 아이의 의식을 깨우기 때문입니다. 너무 일찍 깨어난 아이는 마치 잠을 충분히 못 잔 것처럼 매사에 예민하고 짜증스러울 수밖에 없습니다. 모방하는 힘도 약해지고요. 이는 비단 조기교육만의 문제가 아니라 스마트폰 사용, 반감으로 가득 찬 엄격한 훈육의 영향도 있습니다. "안 돼!"라는 말을 하기 전에 아이가 그렇게 행동하지 않을 수 있도록 환경을 잘 정돈해 주는 게 아이에게 더 큰 도움이 됩니다. 아이가 사랑의 분위기 속에서 건전한 모범을 본받을 수 있도록 우리는 좀 더 깨어 있을 필요가 있습니다.

이갈이와 만 7세의 변화

어린아이들이 노는 걸 가만히 살펴보면 아이들은 늘 판타지 속에 있다는 걸 알 수 있습니다. 나무블록이나 구슬 등 구체물을 갖고 노는 아이도 그렇고, 좀 커서 대화 위주로 노는 아이들도 그렇습니다. 아이들은 실재보다 상상을 더 현실감 있게 받아들이는 능력이 있습니다. 판타지가 잘 발달한 아이일수록 놀이의 천재입니다. 우리 나이로 서너 살쯤 되면 아이들은 판타지 능력이 커지면서 친구를 찾습니다. 친구와 함께 구체물을 갖고 소꿉놀이를 하며 이야기를 지어내는 건 이 시기 아이들의 큰 기쁨입니다. 놀이터에서 그네를 타고, 힘껏 달리고 뛰고 구르는 것도 좋아하고요. 판타지가 발달할수록 아이의 생각이 자라고, 친구와 어울려 놀면서 사회성이 성장합니다.

만 7세 이전에 아이는 주변 환경을 모방하며 두뇌를 발달시킵니다. 이때 주위 어른들이 도덕적으로 행동하고 진실한 태도를 갖는다면 아이의 머리에는 건전한 도덕적 자질이 형성될 것입니다. 실제로 영유아기에 집중적으로 발달하는 전두엽은 종합적인 사고 기능과 함께 인간성 및 도덕성을 담당한다고 하지요. 그러나 두뇌 발달이 왕성하게 이루어진다고 해서, 영유아 교재교구 업체에서 광고하는 것처럼 이때 뭔가 대단한 학습이 필요한 것은 아닙니다. 오히려 아이에게 학습 스트레스는 해가 될 뿐입니다. 전문가들은 아이가 마음껏 놀 수 있게 배려하고, 스킨십을 많이 해 주는 게 두뇌 발달에 더 도움이 된다고 조언합니다.

어린아이의 두뇌 발달은 판타지를 통해 이루어지므로 아이의 장난감은 발도르프 인형처럼 단순할수록 좋습니다. 발도르프 인형을 보면 코도 없고 눈과 입은 점으로 표현되어 있습니다. 풀 메이크업을 하고 활짝 웃는 공주님 인형과 달리 아무 표정이 없습니다. 그러면 아이들은 판타지를 가지고 인형의 얼굴을 만듭니다. 자기가 슬플 때는 슬픈 표정, 기쁠 때는 기쁜 표정을 짓는 것처럼 상상합니다. 두뇌가 창의적으로 발달하려면 아이가 능동적으로 상상할 수 있도록 자극하는 단순한 놀잇감이 좋다는 사실을 잊지 않으셨으면 합니다.

아이의 삶에서 중요한 분기점은 만 7세를 전후하여 찾아옵니다. 초등학교에 입학할 시기이기도 한 이 시점부터 교육의 많은 부분이 부모님에서 선생님에게로 옮겨 갑니다. 이 중요한 분기점이 아이의 신체 외적으로 표현되는 것이 바로 이갈이입니다. 7세 즈음이 되면 대부분 이갈이를 합니다. 젖니가 빠지고 간니, 즉 영구치가 나오는데, 빠르면 5세에 시작하는 경우도 있고 8~9세쯤 느지막이 시작하기도 합니다. 대체로 만 6세경에 유치 어금니의 뒤쪽, 그러니까 유치가 없던 자리에 새로 큰 어금니가 나오기 시작합니다. 그리고 아래 앞니가 흔들려서 빠지려고 합니다.

개인차가 있긴 하지만 대체로 윗앞니는 초등학교에 들어가서 1~2학년경에 빠지고, 6개월에서 1년 간격으로 앞니 옆의 이들이 차례로 빠집니다. 마지막으로 빠지는 맨 뒤쪽의 유치 어금니는 초등학교를 졸업할 무렵까지 사용하게 됩니다. 초등학교 시기를 전체적으로 '이갈이의 시기'라고 부를 수 있겠지요. 유치가 빠지고 영구치가 나온다는 것은 아이에게 큰 변화입니다. 아이가 뱃속에 있을 때 아이의 몸은 머리부터 발끝까지 엄마가 만들어 준 것입니다. 따뜻한 자궁 속에서 탯줄로 영양분을 공급하면서 엄마는 아기의 몸을 형성해 줍니다. 엄마와 아기는 사실상 하나라고 할 수 있지요. 그랬던 태아가 엄마와 분리돼 세상 구경을 하게 되면 이제부터 자기 몸은 자기가 만들어 나갑니다.

무럭무럭 자라서 이갈이를 시작할 즈음 아이는 질적인 변화를 겪습니다. 엄마가 만들어 준 몸의 세포는 두뇌와 안구 정도를 제외하고는 더 이상 아이에게 남아 있지 않습니다. 우리 몸에서 피부를 포함해 체세포의 수명은 대략 한 달이고, 근육과 내장기관 세포는 넉 달에서 여섯 달쯤 된다고 합니다. 혈액세포는 서너 달 정도, 간세포는 1년 정도입니다. 신경세포와 뼈 조직 세포는 대략 7년을 주기로 세포가 바뀝니다.* 우리 몸에서 가장 단단한 치아는 인생에서 딱 한 번 교체가 되는데, 다른 조직처럼 재생이 가능하다면 정말 좋겠지요. 그러면 치과의사 선생님들은 아주 곤란하겠지만요.

이갈이를 할 때까지 아이는 어른과 비교할 수 없을

---

* 기존 연구에 따르면 뇌세포, 심장세포, 안구세포는 신체 나이와 동일합니다. 신체 성장이 완성되는 21세 무렵까지 분열 및 증식을 하다가 더 이상 새로운 세포가 만들어지지 않는다고 합니다. 그러나 최근 연구에서는 두뇌의 신경세포 가운데 기억을 담당하는 해마세포는 재생이 될 수 있고, 심장 역시 새로운 세포가 자연재생된다는 결과가 나왔습니다.

정도의 생명력으로 두뇌를 발달시키고, 심장과 폐 같은 순환기관을 형성하며, 소화기관과 생식기관, 팔다리의 뼈를 열심히 만들어 왔습니다. 뼈보다 단단한 치아가 유치에서 영구치로 바뀐다는 것은 내적 변화와도 관련이 됩니다. 영구치가 나오면서 무는 힘이 강해져 딱딱한 음식도 잘 먹게 되고, 그만큼 몸도 마음도 더 튼튼해지는 게 사실입니다. 더 중요한 것은 아이의 몸을 형성하는 데 주로 쓰였던 생명력이 이제 기억력으로도 작용한다는 점입니다. 발도르프 교육에서는 이것을 '에테르체의 탄생 또는 독립'이라고 부릅니다.

단단한 영구치를 만들 수 있었던 힘은 사고 활동에 작용하는 힘으로 의식 속에 변화되어 나타납니다. 이제 아이는 이전과는 달리 본격적으로 학습할 수 있는 힘을 갖게 됩니다. 여전히 몸을 형성하는 데에 많은 힘이 쓰이지만 생명력은 내적인 힘으로 변형되어 기억력이 강화됩니다. 우리의 문화 또는 문명 역시 이 내적 힘의 작용에 의한 것입니다. 따라서 아동기 아이들은 인간이 만들어 낸 문화적인 것들을 경험해 보고 싶어 합니다.

마음이 성장하는 아동기

영유아기 아이에게도 당연히 기억력이 있지만 그리 강하지는 않습니다. 서너 살 또는 대여섯 살 아이들에게 이야기를 들려주면 그 차이를 알 수 있습니다. 오늘 옛이야기를 하나 들려주었는데 다음 날 똑같은 이야기를 다시 들려준다면 어린아이들의 반응이 어떨까요? 예상하시는 것처럼 아이들은 무척 좋아합니다. 그 다음 날 또 들려줘도 좋아하지요. 아마 기다리고 있을 겁니다. 그런데 초등학교 1학년 아이들에게 선생님이 어제 들려준 이야기를 오늘 또 들려준다면요? 물론 편안하게 듣는 아이도 있겠지만 몇몇 아이는 "이거 어제 들려주신 이야기 아니에요?" 하면서 수군수군할 겁니다. "왜 또 해 주세요? 시시해요. 다른 얘기 듣고 싶어요." 이렇게 항의할 수도 있습니다.

이갈이 시기의 아이들은 기억력이 강해졌고 본격적으로 학습할 준비가 되었으니 학교에 가게 됩니다. 전 세계 어린이들이 이갈이 즈음에 학교에 간다는 사실은 놀라울 게 없습니다. 그 이전에 조기입학을 한다면 어떨까요? 많이 힘들어할 수밖에 없습니다. 아직 책상에 앉아 집중해서 온종일 공부할 수 있는 힘이 어린아이에게는 없습니다. 예전에 만 5세에 조기입학을 했던 아이들을 보면 자기보다 나이 많은 반 친구들이 잘 놀아 주지도 않고 공부도 힘들다며 집으로 돌아가는 경우가 많았습니다. 이에 비해 이갈이를 시작한 초등 1학년 아이들은 학교에서 공부를 안 가르쳐 주고 놀기만 하면 불만이 생깁니다. 용감한 아이가 손을 들고 선생님에게 따지겠지요. "왜 아무것도 안 가르쳐 주세요?" 이런 모습을 통해 아이들에게 배움의 욕구가 생겼다는 걸 알 수 있습니다. 아이들은 놀이의 욕구와 함께 배움의 욕구를 갖고 있습니다. 자기도 열심히 공부해서 주위 어른처럼 멋지게 일을 하고 싶은 것입니다.

아이를 1학년에 입학시킨 부모님은 아이처럼 모든 게 새롭고 긴장이 됩니다. 아이가 학교생활에 잘 적응할지, 새로운 친구들과는 잘 어울릴지, 선생님에게 사랑을 받을지, 걱정도 되고 기대도 많이 되실 겁니다. 교실에서 1학년 아이들은 그야말로 천방지축인데, 학년 초에는 약간 주눅 든 모습도 보입니다. 집처럼 편안했던 유치원에서 나와 이제 책상과 의자에 앉아 40분씩 수업을 받아야 하는 학교가 부담스러울 수 있지요. 학교에 가기 싫다고 칭얼대는 아이도 있을 테지만 아이는 어른보다 의지가 강하다는 사실을 기억하시길 바랍니다. 아이는 친구가 놀려도, 공부가 어려워도 학교에 가려고 합니다. 수없이 실패하면서도 마침내 일어나 두 발로 걷는 돌잡이 아이처럼요.

학교에서의 수업 방식은 저학년인 1~3학년 시기와 이후 고학년 시기가 크게 달라집니다. 저학년 시기까지는 논리적인 사고를 하기 어렵기 때문입니다. 저학년 아이들은 마법적이고 형상적인 사고가 여전히 익숙합니다. 그래서 저학년의 수업은 상상력이 풍부한 이야기와 선명한 그림, 리듬이 있는 반복과 모방, 자유로운 움직임의 요소들이 중요합니다. 세상과 나는 하나로 연결되어 있고 모든 대상은 나와 다르지 않을 거라고 무의식적으로 여기는 게 이 시기 아이들입니다. 그래서 돌이나 꽃, 바람, 강아지, 집하고도 대화가 가능하지요. 대상이 자기처럼 느끼고 생각한다고 여기기 때문입니다.

시간이 지날수록 아이 내면의 세계가 발달하면서 3학년쯤 되면 세상을 객관적으로 바라볼 수 있는 힘이 생깁니다. 동심의 세계에서 점점 비극적인 현실 세계로 나아가게 되지요. 실제로 3학년 중후반쯤 되면 아이는 세상과 내가 분리돼 있다는 걸 깨닫습니다. 뭐랄까요, 아담과 하와가 선악과를 먹고 분별심이 생긴 뒤에 낙원에서 쫓겨난 것처럼 아이는 교실 전체로부터 혼자 쫓겨난 듯한 불안감을 느낍니다. 그러면서 근본적인 질문들이 생기지요. 우리 엄마는 진짜 엄마가 맞나? 나는 어디에서 왔지? 죽으면 어디로 갈까? 세상은 어떻게 만들어졌을까? 이런 궁금증과 함께 자기가 하는 생각을 부모님이나 선생님이 알지 못한다는 사실을 신기하게 여깁니다. 그래서 일부러 거짓말을 해 보는 아이도 있습니다.

빠른 아이는 3학년 초, 좀 늦은 아이도 4학년쯤 되면 이런 불안의 상태를 경험합니다. 신체적으로는 키가 쑥 자랍니다. 아직 얼굴은 아이답게 귀엽지만 몸통이 쭉 길어지지요. 이 시기에는 성장통 때문에 갑자기

피곤해할 수 있으니 영양 섭취와 휴식에 좀 더 신경을 써 주는 게 좋습니다. 이때가 지나면 다시 안정감이 오는데, 4학년쯤 된 아이라면 이제 본격적으로 학습 습관을 길러 줄 필요가 있습니다. 넘치는 에너지를 잘 다듬지 못하면 교실에서든 집에서든 난장판을 만들기 때문입니다. 게다가 부모의 권위에 도전하는 일이 많아 속을 썩일 수 있습니다. 이때는 부모의 일방적인 통제보다 아이와 대화를 통해 약속을 정하는 게 좋습니다. 중요한 결정은 아이가 내리기보다 부모님이 내리시는 게 좋고요. 왜냐하면 어떤 약속이든 결정을 내리는 사람에게 권위가 실리기 때문입니다.

발도르프 학교에서는 3학년 때부터 악기를 시작해 5학년 때 발표회를 합니다. 부모님과 선생님을 모시고 교실에서 조촐하게 연주회를 여는데, 아직 부족한 면도 많기 때문에 대중에게 공개할 정도는 아니고 안전한 공간에서 자기를 드러내는 시도를 하는 것입니다. 그러려면 열심히 연습해야겠지요. 이듬해 6학년이 되면 팔다리가 길어지면서 행동거지도 어색하고 부정적인 생각이 많아집니다. 발도르프 학교에서 6학년 미술시간에 흑백 소묘를 도입하는 이유는 사춘기를 대비하기 위해서입니다. 빛과 어둠이라는 양극단을 체험하고 적절하게 통제해 나가는 연습을 하는 것입니다. 저는 5~6학년 시기에 체조나 무예, 서커스 등을 아이들에게 권하는데요, 특히 서커스를 꼭 시도해 보았으면 합니다. 집중해서 몸을 움직이고 반복적인 노력을 통해 동작을 정교하게 하는 활동이 사춘기 초입의 아이들에게 큰 도움이 됩니다.

3~4학년이 지나면서 아이는 논리적인 사고력을 키워 갑니다. 그리고 6학년쯤 되면 사춘기 초기 모습을 강하게 드러내면서 자기 근거를 갖고 주장하며 원인과 결과를 추론해 내는 능력을 갖게 됩니다. 부모님이나 선생님을 비판적으로 바라보고, 중1쯤 되면 더 깊이 자기 세계 속으로 들어갑니다.

근래에는 사춘기가 너무 빨리 오는 것 같습니다. 그래서 저는 아이에게 너무 일찍 사회비판 잡지를 읽히거나 대중집회에 데리고 나가지 않기를 권합니다. 사춘기에 가까워질수록 반감이 커지면서 자기 목소리를 내려고 하는 것은 자연스럽습니다. 그러나 반감이 너무 일찍 깨어나면 긍정적으로 사고하기보다 매사에 부정적인 방식으로 사고할 가능성이 커집니다. 어릴 때 "안

돼!"라는 말을 안 할수록 좋은 것도 같은 이유입니다. 판단이나 평가 없이 의지를 다해 시도하는 능력과 관계를 형성하는 능력은 아동기에 키워 나가야 할 중요한 능력입니다.

사춘기 아이를 이해하는 법

발도르프 교육에서 말하는 7년 주기가 모든 아이에게 딱 들어맞을 수는 없습니다. 발달에는 개인차가 있고, 성별에 따른 차이도 있습니다. 보통 여자아이가 남자아이보다 1~2년 빠르지요. 그러니 너무 도식적으로 이해하지 말고, 전체적인 흐름을 인지하되 아이를 잘 관찰하여 아이의 고유한 발달 특성을 이해해야겠습니다. 발도르프 교육의 발달론은 100년 전에 나온 이론이지만 오늘날의 의학, 신경과학, 심리학 등과 비교해 살펴보면 상당히 엄밀한 관찰과 분석에 의한 것임을 알수 있습니다. 특히 신체적 변화와 내적 변화가 함께 가는 것을 보면 슈타이너의 통찰에 놀라곤 합니다.

제가 유치원이나 초등 저학년의 부모님을 만나는 자리에서 꼭 하는 이야기는, 미리미리 사춘기를 대비하시라는 것입니다. 유명 드라마 『왕좌의 게임』에 나오는 대사 "Winter is coming"(겨울이 오고 있다)라는 말과 함께요. 대부분 부모님이 아이의 사춘기를 어떻게 받아들여야 할지 난감해하십니다. 사랑스럽던 아이가 완전히 다른 아이처럼 다가오거든요. 사춘기의 절정인 만 14세, 중학교 2학년 시기를 흔히 중2병이라고 해서 희화화하기도 하는데, 실제로 사춘기思春期는 아이들이 내적으로 변화의 열병을 앓는 시기입니다.

사춘기의 '춘'은 춘정春情을 뜻하는 것으로 성적인 의미가 담겨 있습니다. 2차 성징이 완성되면서 성호르몬의 분비가 증가하기 때문에 아이들은 사춘기 초입부터 이성에 대한 관심이 커집니다. 과거 농경사회 같으면 14~15세쯤에 대부분 결혼을 하고 아이를 낳았겠지요. 그때는 아동이라는 개념도 희박했지만 청소년이라는 개념은 아예 없었습니다. 오늘날에 와서는 청소년기의 교육이 정체성 형성과 관련해서 매우 중요하게 다뤄지지만요.

아이가 사춘기에 들어서기 전부터 부모님은 동성의 자녀, 그러니까 엄마는 딸과, 아빠는 아들과 친밀한 관계를 형성해 놓는 게 좋습니다. 그래야 신체 변화에 대해 묻기도 편하고 여러 가지 고민 상담도 할 수 있으니까요. 사춘기라고 해서 무조건 대화의 문을 닫는 건 아닙니다. 아이들이 사춘기에 말문을 닫는 결정적 이유는 존중받지 못한다는 느낌 때문입니다. 자기는 많이 컸고 또 달라졌는데 부모님이 그걸 인정하지 않으니 문을 닫는 것입니다. 반감이 강해져 짜증도 늘어나고요. 신체적 변화를 내적 성장이 따라가지 못해 아이들은 혼란스럽습니다. 21세 즈음에 사고생활이 독립한다면 이때는 감정생활이 독립합니다. 쉽게 말해, 이때부터 '내 마음은 나의 것'이 됩니다. 발도르프 교육에서는 이것을 '아스트랄체가 독립했다'라고 표현하기도 합니다.

초등학교 2~3학년 아이는 학교에서 속상한 일이 있으면 집에 와서 부모님의 위로를 바랍니다. 자기를 안아 주고 뭐가 힘든지 물어봐 주길 원합니다. 그러나 중학교 2~3학년 아이는 전혀 다릅니다. 일단 화가 난 상태에서 부모님이 말을 거는 것 자체가 싫습니다. 그래서 자기 방으로 가지요. 문을 닫고 혼자 있고 싶어 합니다. 갑자기 달라진 모습에 부모님은 당황할 수 있지만 아이는 이미 사춘기의 강을 건넌 상태입니다. 자기 마음은 자기가 알아서 할 테니 내버려 두라는 요구입니다. 간섭 없이 자기감정은 자기가 풀고, 감정이 풀린 다음에 이야기를 하고 싶어 하는 것입니다.

14세 즈음의 변화 역시 아이가 독립해 가는 과정으로 이해해 주어야 합니다. 부모의 감정에 예속된 상태에서 독립한다는 것이 아이 역시 결코 쉬운 일은 아닙니다. 더군다나 심성이 곱고 착한 아이였다면 예상치 못한 분란이 벌어질 수 있습니다. 잘 다니던 교회를 안 가겠다고 선언한다거나 "엄마 아빠가 해 준 게 뭐가 있냐"고 소리를 지르기도 합니다. 어떤 부모님은 식사 자리에서 아이의 숟가락에 고기반찬을 올려 주었다가 봉변을 당했다고 고백하기도 합니다. 묵묵히 먹던 아이가 짜증을 내며 숟가락을 내동댕이친 거죠. 그럴 때는 사춘기 아이를 창밖으로 내던지고 싶다고 말하는 분도 계십니다. 이랬다저랬다 변덕스러운 아이의 마음에 질리기도 하고요. 천연덕스럽게 거짓말을 해 대서 질색을 하는 부모님이 많습니다. 자, 이런 상황을 예방하려면 어떻게 해야 할까요?

청소년기 아이들이 거짓말을 밥 먹듯이 하거나 도가 넘는 농담을 하기도 하는 것을 의학계에서는 전두엽 발달과 연관 짓습니다. 21세 즈음 되어야 완성되는 전두엽에 급격하게 변화가 오면서 극과 극을 달린다는 것입니다.* 그래서 이 시기 아이들의 폭탄선언, 거짓말, 농담 등은 능청스럽게 받아들일 수 있는 마음의 여유가 필요합니다. 유연하고 유머가 있어야 부모도 내상을 덜 입습니다. 이따금 너스레도 떨 수 있으면 더 좋겠지요.

아이의 감정이 상한 것 같으면 일단 내버려 두는 게 좋습니다. 감정적인 문제라면 스스로 마음을 다스릴 수 있도록 배려해 주세요. 하지만 사고력과 판단력은 독립되지 않았기 때문에 아이 스스로 뭔가 중요한 문제를 확정짓도록 내버려 두지 않는 게 좋습니다. 특히 화가 난 상태에서는요. 아이가 뭐라고 하면 "그것도 좋은 생각이야"라고 맞장구쳐 주되 "그런데 왜 그렇게 생각했어?" 하고 판단의 근거를 물어봐야 합니다. 그리고 부모님의 생각을 가볍게 표현하면서 아이의 생각을 존중해 주는 게 현실적인 방법입니다. "내가 보기에는 그 친구가 아무 생각 없이 말을 한 것 같아. 네가 절교를 하고 싶을 만큼 화가 났다는 건 이해가 되는데, 좀

---

* 전두엽은 영유아기에 집중적으로 발달해 초등학교 시기에 1차 완성되며, 사춘기 전후로 재편(리모델링)되어 20대까지 발달합니다. 사춘기의 충동적 거짓말과 난폭한 행동, 중독 현상 등은 자아의 관제탑이라 할 수 있는 전두엽이 아직 충분히 발달하지 않았기 때문입니다. 10대에 내적 동기를 확고히 하기가 힘든 것도 마찬가지 이유입니다. 감정을 담당하는 변연계는 사춘기에 거의 완성되지만, 이성의 뇌인 전두엽은 사춘기에 한창 공사 중이라고 보면 됩니다.

더 시간이 지난 다음 결정해도 좋을 듯해." 이렇게요.

청소년기는 또 불타는 욕망의 시기이기도 해서 요구도 참 많습니다. 물론 모든 걸 다 들어줄 수는 없습니다. 필요하면 듣기 싫은 소리도 하고 화를 내 줄 수도 있습니다. 가급적 화가 안 난 상태에서 화를 내는 게 포인트입니다. 말이 이상하지만 정말로 회기 난 상데에서는 화를 내지 않는 게 책잡히지 않을 방책입니다. 관념적 원칙주의자인 사춘기 아이는 자기 허물은 그럴 수도 있는 것이지만 부모님의 허물은 작은 티끌도 들보처럼 커 보이기 마련이니까요. 사춘기 이전의 아이라면 부모가 아이를 이겨야 합니다. 하지만 사춘기 이후에는 적절히 져 주는 것도 필요합니다.

청소년기에 들어선 아이는 이제 내적 권위를 찾아가고자 합니다. 아동기까지 부모나 교사의 외적 권위에 많이 의존했다면 이제는 스스로 생각하고 판단하고 결정해서 시행착오도 겪게끔 도와야 합니다. 아이는 부정하겠지만 아직 부모의 도움이 없어서는 안 될 때지요. 아이 스스로 감당하지 못할 결정은 하지 않게끔 협상을 하고 설득도 해야 합니다. 아무려나 신경 쓸 일이 많은 게 청소년기 아이들입니다. 반감도 강하고 호감도 강한 성인 직전의 이 아이들에게 부모는 넘어야 할 벽이자, 자기를 보호해 주는 언덕입니다.

자아의 발달을 소중히 여기는 교육

예전에는 '그래도 우리나라는 아이들이 마약을 하지 않아서 다행이다'라고 생각했는데, 요즘엔 그렇지도 않은 것 같습니다. 재벌가 3,4세나 연예인의 마약 투약 소식이 심심치 않게 들려옵니다. 인터넷을 통해 손쉽게 마약을 구할 수 있다는 뉴스도 나오고요.

미국의 경우에는 제약회사의 로비에 의해 마약 중독이 아주 심각한 사회문제가 되었습니다. 합법적인 방식으로 처방하는 '오피오이드'라는 진통제에 모르핀과 유사한 마약 성분이 있어서 자기도 모르게 중독되는 것입니다. 수술 치료 후 의사들이 가장 많이 처방하는 진통제가 펜타닐과 모르핀 등 오피오이드계 진통제입니다. 그런데 이 약이 제약회사의 마케팅으로 인해 무분별하게 처방되었고, 중독 현상에 빠지고 나면 더 강한 약이 필요하기 때문에 불법적인 마약에도 손을 대게 됩니다. 의외로 우리나라 뉴스로는 이런 현상이 덜 소개되었는데, 2017년에 미국 정부는 이 문제로 공중보건 비상사태를 선포하기도 했습니다.

마약까지는 아니어도 현대인은 저마다 무언가에 중독된 채 살아갑니다. 삶의 균형이 깨진 상태에서 내적 진실을 찾지 못했을 때 우리는 중독에 빠집니다. 중독은 집착이기도 하고, 두려움이기도 합니다. 불안하고 두려울 때 우리는 안전하다고 여기는 무언가에 매달리고 싶어집니다. 스스로 자유를 내려놓고 구속되는 상태에 들어가는 것입니다. 자아감이 약화된 상태일수록 더욱 그렇게 됩니다. 중독 상태에서는 비록 가짜지만 자유롭고 편안하다는 느낌을 받기 때문입니다. 그러면서 자아는 더욱 약화되지요. 악순환입니다.

자아감이 온전히 형성되지 못한 경우 아이들은 발달주기에 따라 특정한 어려움을 보여 줍니다. 영유아기에는 주의력결핍 과잉행동장애의 모습으로 나타납니다. 한시도 가만히 있지 못하는 아이들, 무언가를 집중해서 끝내지 못하는 아이들의 문제는 오늘날 사회적 문제가 되었습니다. 안정된 생활리듬을 경험하지 못한 아이들에게 이런 모습이 특히 많이 나타납니다. 시간적으로 또 공간적으로 안정감을 느낄 때 아이는 '내가 여기에 있다'는 걸 알 수 있습니다.

이와 관련해서 근래에는 스마트폰 문제가 더 심각해 보입니다. 아이에게 스마트폰을 주는 일은 아이의 능동적 감각경험을 제한하고 집중력을 약화시키는 결과를 초래합니다. 예를 들어, 밥을 먹일 때 스마트폰을 보여 준다면 아이는 밥 먹는 일에 집중할 수 없습니다. 제대로 밥 먹는 습관도 기를 수 없겠죠. 스마트폰 덕분에 아이들은 무료할 틈이 없지만 그만큼 지금 여기에서 해야 할 일을 스스로 찾지 못하고, 창의적으로 놀이를 만들어 낼 수 있는 기회 또한 잃게 됩니다. 모방하는 힘과 상상력이 약해지는 것도 큰 문제이고요.

본능적인 삶에서 질서와 상상, 모방 등의 충동으로 넘어가는 영유아기 아이의 내적 욕구를 이해하고 습관을 잘 형성할 수 있도록 돕기 위해 우리는 무엇을 할 수 있을까요? 제가 답을 드리기보다 한번 고민해 보셨으면 합니다. 이 문제는 아이가 학교에 입학한 뒤에도 이어지는데, 아동기의 자아 문제는 두려움으로 나타납니다. 자아감 또는 자존감이 약한 아이는 과도한 불안, 걱정, 공포 등의 양상을 보입니다. 매사에 자신이 없고 실패할 것 같은 두려움에 사로잡힌 아이의 내면에는 약한 자아가 있습니다. 자기 존재감을 느끼지 못하니 허공을 밟는 듯한 기분이 듭니다. 이런 아이들의 공통점은 자기가 원하는 게 무엇인지 분명하지 않다는 것입니다. 따라서 한 가지 일에 온전히 집중하지 못하고, 불평과 불만이 많으며, 다른 친구의 일에 간섭하고 비난하는 일이 많습니다. 이 상태가 심해지면 지나치게 예민하고 감정을 잘 조절하지 못하는 성격이 되기도 합니다.

이런 상태로 10대에 들어서면 중독에 빠지기 쉽습니다. 청소년기에 자아정체성을 형성하는 일은 영유아기에 자기 몸을 만들어 가는 것보다 더 힘든 일입니다. 안정된 가정에서 자라 건강한 자존감이 형성된 아이조차 자기 길을 찾지 못했다고 생각하면 심각한 불안을 느낍니다. 더욱이 학교나 가정에서 아이에게 특정한 길만을 선택하게끔 강요를 해 왔다면 그걸 벗어나고자 저항할 것입니다. 부모에게 욕설을 하고 기물을 파괴하는 등 공격적인 행동을 하거나 완전히 수동적으로 변해 방에서 나오지 않는 방식으로요. 그리고 약물이든 미디어든 특정 영역에 집착하는 것으로 불안을 잊고자 합니다. 이것이 중독입니다. 아이가 자기 삶을 직면하지 못하는 이유는 두렵기 때문입니다. 몸도 마음도 많이 자라 곧 어른이 될 것 같은데 삶을 주도해 갈 자아의 힘이 없으니 화가 나고 무기력해지는 것입니다. 이런 아이들은 주로 부모에게 그리고 세상에 원망을 쏟아냅니다.

청소년기에 아이가 방황을 하면 어른들은 뭔가 답을 주려고 합니다. 그래서 꼰대 소리를 듣게 되는데요, 아이는 자기 스스로 답을 찾고자 합니다. 더 이상 외적으로 주어지는 동기에 아이는 만족할 수 없습니다. 자발적인 동기가 안에서 솟아 나와야 합니다. 내적 동기가 나올 때 내적 권위가 생깁니다. 어른의 권위가 긍정적으로 작용하는 것은 영유아기와 아동기에 한정되는 것 같습니다. 사춘기 이후의 아이에게 중요한 것은 내적 권위지요. 따라서 청소년기에 교육의 중점이 되어야할 것은 자기 힘으로 사고하는 것입니다. 합리적인 사고를 통해 세상을 이해하고 삶의 의미를 찾을 수 있도록 돕는다면 아이에게는 자기 확신이 생겨날 것입니다. 독일어에서 '중독'Sucht의 어원은 '탐색'Suche입니다. 아이가 자아정체성을 찾을 수 있도록 돕는 것이야말로 청소년기 교육의 본질입니다.

교육은 아이의 자아가 잘 성장할 수 있도록 발달에 맞는 환경을 제공하는 일입니다. 쉽게 말해 교육은 아이의 내적 욕구와 연결되어야 하고, 그럴 때 아이는 생생한 흥미를 갖고 살아갑니다. 이런 환경에서 아이는 건강한 도덕성 그리고 자기통제력을 키워 나갈 수 있습니다. 그런데 우리 사회는 아이들의 자연스러운 발달 단계를 존중하기보다 오히려 아이들의 발달에 해를 입히려고 작정하는 것 같기도 합니다. 신념이 없이는 올바른 교육을 하기가 어렵다는 생각조차 듭니다. 자아가 성장하는 아이에게 부모로서 줄 수 있는 가장 좋은 선물은 부모로서 성장하기 위해 노력하는 모습일 것입니다. 부모의 자기 교육이 아이에게는 곧 가정교육이 됩니다.

3

부모로서 알아 두면 좋을 어른의 인생주기

내 눈으로
나는 세상을 바라봅니다,
하느님의 아름다운 세상을.
그리고 진심으로 감사드립니다,
이렇게 하느님의 세상에서
살아가게 된 것을.
한낮의 밝음 속에
내가 깨어 있고
하느님의 축복 속에서
밤에 편히 쉴 수 있음을.

– 루돌프 슈타이너

내 삶의 중심은 아이가 아니라 나

아이를 키우는 부모지만 우리 삶의 중심은 아이가 아니라 우리 자신입니다. 바쁘게 살다 보면 이 사실을 종종 잊곤 합니다. 한 가정이 바퀴처럼 굴러간다고 할 때 아이들을 바퀴살이라고 한다면 부모는 가운데의 바퀴통이라고 할 수 있습니다. 아이가 소중하긴 하지만 바퀴의 중심으로서 우리 자신의 삶이 안정되지 않으면 아이도 좋은 영향을 받기 힘듭니다. 독립하기 전까지 아이는 전적으로 부모를 의지하고 살아가니까요.

내가 내 삶을 이끌어 간다는 느낌은 우리에게 힘을 줍니다. 이 느낌에서 강한 의지가 나옵니다. 따라서 아이를 돌보는 만큼 자기 자신도 돌봐야 자아감이 약화되지 않습니다. 헌신적인 부모일수록 우울감을 느끼는 경우가 많습니다. 아이를 위해 그리고 가정을 위해 나를 잊고 헌신하면 할수록 '나는 누구지? 내가 원하는 건 뭐지?'라는 질문에 답하기 어려워집니다. 점점 자아가 희미해지고 사라지는 느낌이 든다면 위기감을 느껴야 합니다. 그렇다고 부모로서 우리가 너무 자신의 일에만 집중한다면 아이와 가정이 소외되기 쉽습니다. 헌신적인 부모의 대척점에 너무니 자기중심직이어서 정작 보호해야 할 아이를 방치하는 부모도 있을 것입니다. 균형을 잘 잡을 필요가 있습니다.

아이가 어릴수록 손길이 많이 필요한 반면 부모님 역시 한창 일이나 공부에 몰두할 때라 육아에 시간 내기 힘들어하는 경우를 많이 만납니다. 저는 어쩔 수 없이 아이 편을 들어 가급적 일찍 퇴근을 하고 아이와 집중해서 놀아 주시라고 요청합니다. 아이는 어른에 비해 약자니까요. 어린 시절 아이에게 쏟아부었던 적금을 사춘기에 탄다는 말은 현실적인 이야기이기도 합니다. 아이는 부모의 지나친 관심과 기대가 부담스럽기도 하지만 필요할 때 곁에 있어 주지 못하는 부모가 야속하기도 합니다. 발달에 따라 아이가 어릴수록 더 많은 정성이 필요하고, 커 갈수록 아이의 공간을 인정해 줘야 한다는 걸 알더라도 일과 육아 사이에서 균형을 잡는 것은 참 어려운 일 같습니다.

슈타이너는 균형이 건강 또는 선함과 연결된다고 말합니다. 세상에는 극단과 극단이 존재합니다. 극과 극은 일종의 병증과 같지요. 예를 들어, 체온이 너무 올라도 열병이라고 해서 위험하지만 체온이 떨어지는 저체온증은 더 위험합니다. 아이가 아주 어렸을 때 열이 너무 심해 해열제를 먹였다가 저체온증이 나타나 두려움에 떨었던 기억이 납니다. 적절한 체온을 유지하는 게 건강일 텐데 평소에도 약간씩 오르락내리락하는 변화는 있을 것입니다. 완전히 고정되는 게 아니라 살짝 올랐다가도 다시 내려가는 유동성이 존재합니다. 건강할 때는 잘 느끼지 못하겠지만요.

일상에서 결벽에 가까울 정도로 청결에 신경을 쓰는 사람이 있는가 하면, 청결과는 담을 쌓고 사는 듯한 사람도 있습니다. 겸손이 지나쳐 자기비하에 시달리는 사람과 자신감이 지나쳐 오만한 사람도 극과 극이라고 할 수 있습니다. 넘치느니 모자란 게 낫다는 속담도 있지만 균형을 잃는 것은 결코 좋은 일이 아닙니다. 균형을 추구한다는 것은 건강하게 살고자 노력하는 과정일 것입니다. 물론 적절한 균형값은 저마다의 상태와 관련될 테고요. 평소에 자기주장을 잘 못하는 사람은 명확하게 입장을 밝히는 것이 필요하고, 자기주장이 강한 사람은 스스로 발언을 자제하는 것이 균형을 찾아가려는 노력에 해당합니다.

갓난아기는 시간이 지날수록 자기 몸을 일으키려고 합니다. 고개를 가누고 몸을 뒤집고 일어나 걷는 과정을 지켜보면 참 놀랍지요. 끊임없이 실패하면서도 아기는 엄청난 의지력으로 반복해서 마침내 두 발로 일어나 걷습니다. 이게 대략 돌을 전후해서 벌어지는 일인데요, 여기에는 균형감각이 큰 작용을 합니다. 아이는 뛰고 구르고 나무 위에도 오르며 균형감각을 발달시킵니다. 전래놀이에는 균형감각을 키우는 놀이가 굉장히 많지요. 발도르프 교육에서는 어린 시절 균형감각을 잘 발달시켜야 어른이 되어서도 삶에서 균형을 잘 잡을 수 있다고 말합니다.

일을 할 때 너무 무리하거나 태만하지 않고 균형을 잘 잡는 것, 관계에서도 한쪽에 기울지 않고 무게중심을 잘 잡는 것 등이 어린 시절 균형감각을 어떻게 키웠느냐와 연관된다는 건 신기한 일입니다. 어른이 된 뒤에 우리가 겪는 많은 어려움이 사실 어린 시절의 경험과 밀접한 관련이 있다는 것이 슈타이너의 통찰입니다. 어른이 되기 전까지의 발달 단계가 그 이후의 인생에 직접 연결된다는 관점 아래 교육이 이루어져야 합니다. 이것은 다시 말해 우리가 겪는 어려움의 원인을 어린 시절의 경험에서 찾고 치유의 실마리를 발견해 낼 수 있음을 뜻합니다. 인생 전체를 놓고 보았을 때 우리는 균형을 찾아가는 과정에 있고, 어른이 되어 자아가 독립된 우리는 그 일이 가능하니까요. 아이를 키우며 얻는 기쁨과 슬픔을 우리 자신의 온전한 성장으로 연결시킬 때 삶의 중심을 잘 잡을 수 있을 겁니다.

성인의 인생주기에 관한 새로운 조명

이번에는 아이들 이야기보다 어른들, 즉 부모인 우리들에 관한 이야기를 해 보려고 합니다. 20대인 부모님도 계실 테고요, 아무래도 30~40대 분들이 많겠지요. 50~60대 부모님도 물론 계십니다. 조부모님도 계시겠고요. 우리 어른은 자아가 독립된 이후 어떤 발달 단계를 겪게 될까요? 이에 대해 우리는 동양 고전에 눈을 돌릴 수도 있습니다. 공자는 이렇게 말했지요. "15세에 학문에 뜻을 두었고, 30세에 삶의 기초를 확립하였으며, 40세가 되어서는 판단에 혼란을 일으키지 않았다. 50세가 되어서는 하늘의 명을 알았고, 60세가 되어서는 귀가 순해져 남의 말을 잘 받아들이게 되었으며, 70세가 되어서는 마음이 하고자 하는 대로 하여도 법도에 어긋나지 않았다."

15세 : 지학志學

30세 : 이립而立

40세 : 불혹不惑

50세 : 지천명知天命

60세 : 이순耳順

70세 : 종심從心

　저는 공자님 말씀을 거꾸로 해석하여 15세에는 공부에 뜻을 두어야 할 때이고, 30세에는 삶의 기초를 확립할 때이며, 40세가 되면 미혹에 빠지기 쉬우니 정신 바짝 차려야 하는 때라고 봅니다. 각 시기마다 과제로 다가오는 것이지, 성취의 결과는 아니라는 것이죠. 우리는 공자님이 아니니까요. 50세 이후도 마찬가지입니다. 치열하게 자기 교육을 하지 않는 이상 50세에는 하늘의 명을 오해하기 쉽고, 60세에는 고집불통이 될 가능성이 큽니다. 70세가 되어 마음 가는 대로 행해도 도리에 어긋나지 않으려면 스스로에게 얼마나 엄격해야 하는 것인지 상상이 가지 않습니다. 물론 노력해서 그렇게 되고 싶기는 합니다.

오래전 기사인데, 1975년 4월 28일 자 『타임』에 '성인의 인생주기에 관한 새로운 조명'이라는 글이 실렸습니다. 소제목은 다음과 같습니다.*

16~22세 : 가족 떠나기

23~28세 : 손 내밀기(유대감)

29~34세 : 의문, 의문(30의 위기)

35~43세 : 중년기의 폭발

(모든 가치가 의문의 대상이 된다)

44~50세 : 내려놓기

50세 이후 : 부드러워짐

공자님 말씀과 상당히 유사하지요? '가족 떠나기'는 10대 후반에서 20대 초반에 독립을 준비하는 과정이라고 볼 수 있습니다. 기숙사 학교에 들어가거나 취업을 해서 집을 떠나는 모습을 상상해 봅니다. 물리적으로 가족을 떠나지는 않더라도 심리적으로 이 나이에는 또래집단이 더 중요하다는 사실을 알 수 있고요.

20대에게 '손 내밀기'는 유대감을 느낄 수 있는 집단의 필요성을 보여 줍니다. 학업을 계속 이어 가든 직

---

* George O'Neil & Gisela O'Neil, 『The Human Life』, Mercury Press, 1990 참고.

장을 다니든 어딘가에 소속되지 않고 이 시기를 보내기란 상당히 어려운 일입니다. 이후 삶에 대한 깊은 의문과 '중년기의 폭발'이라는 표현은 한 사람의 자아가 집단적 사고와 관습으로부터 독립되어 스스로 삶의 진실을 찾아 나가는 과정임을 알려 줍니다. 이 시기를 치열하게 보낸 사람은 개별성과 보편성 사이에서 균형을 잡고 사회적으로 성숙한 자아로 성장할 것입니다.

발도르프 교육에서도 이와 비슷한 이야기를 합니다. 7년 주기는 아이에게만 해당하는 게 아니라 인생 전체를 아우릅니다. 우리는 누구나 고유한 삶을 살지만 전체적인 틀 안에서 비슷한 경로를 거칩니다. 우리가 겪는 외적 현상의 원인은 내적 경험에 따른 것이라고 보아야 더 정확할 것입니다. 아이들이 커 가면서 내적 변화를 체험하듯 우리 어른도 발달 시기에 따라 질적인 변화를 경험하고 그것이 삶으로 드러납니다.

사람의 삶은 크게 세 단계를 거쳐 펼쳐집니다. 첫 번째 단계(0~21세)는 신체가 성숙하는 어린 시절입니다. 인간은 다른 동물과 달리 비성인기가 전체 삶의 30퍼센트가량이나 됩니다. 호모 사피엔스는 다른 영장류보다 느리게 성숙하면서 성인으로부터 많은 것을 학습

할 수 있는 방향으로 진화했지요. 스무 살 즈음 신체적 성숙이 끝나면 인생은 두 번째 단계로 넘어갑니다. 자아가 독립하긴 했지만 아직 미숙한 게 많은 영혼 상태입니다. 스스로의 책임을 바탕으로 수많은 경험을 하면서 우리는 세상 이치를 배워 갑니다. 인간의 영혼은 자기중심적인 상태에서 자기 자신이 누구인지 인식하는 상태를 지나 자기중심성을 극복하는 시기로 나아갑니다.

'영혼의 성숙'이 일어나는 두 번째 시기(21~42세)를 잘 마무리하게 된다면 마흔 살이 넘어 심리적 안정감을 얻을 수 있습니다. 이것이 불혹입니다. 40대는 실제로는 시험에 드는 나이로 수많은 유혹과 미몽이 다가옵니다. 영혼의 토대를 잘 쌓았다면 흔들림이 좀 덜하겠지요. 건강한 40대는 자기 자신과 가정에 대한 책임감에서 한발 나아가 사회 공동체 전체에 대한 책임감이 커질 것입니다. 이때부터는 '정신의 성숙'이라는 세 번째 단계(42~63세)로 진입하여 새로운 과제를 안게 됩니다. 마흔 이후의 얼굴은 스스로 책임을 져야 한다고 링컨이 말한 것처럼* 그동안 성장해 온 자아의 결실이

* 대통령이 된 후 링컨은 요직에 등용할 많은 사람들을 추천받았습니다. 어떤 사람을 면접 보고 나서 얼굴이 마음에 안 든다고 추천자에게 얘길 하자, 추천자는 얼굴은 본인 책임이 아니라 부모가 그렇게 낳아 준 것이니 그걸 문제 삼으면 안 된다고 했습니다. 이때 링컨이 "마흔이 넘으면 자기 얼

얼굴에 드러납니다. 이제부터는 한 인간으로서의 정신성이 출현합니다. 공동체에 대한 책임감과 함께 삶의 의미를 찾는 구도자의 과제도 주어지는 것입니다. 이 시기까지 잘 마무리했다면 이후에 우리는 우리가 가지고 온 운명으로부터 자유로워질 수 있습니다.

스포츠 선수라면 전성기가 대략 20대, 아무리 자기 관리를 잘해도 30대까지일 것입니다. 가끔 40대 노장이 야구나 축구에서 활약을 하기도 하지만 그것은 드문 일이기 때문에 뉴스가 됩니다. 항공사 파일럿의 경우 20대에는 막중한 책임과 스트레스를 견디기 힘들어하기 때문에 평균 연령이 30대 후반이라고 합니다. 우리나라에서 대통령에 출마하려면 40세가 넘어야 합니다. 국회의원이나 지방자치단체장 피선거권이 25세부터 주어지는 것과는 다르지요. 인간의 발달 단계를 도식적으로 확정하는 것은 부적절하지만 우리 삶에서 인생주기에 따른 특징은 법적으로도 어느 정도 수용되는 것 같지 않나요?

굴에 책임을 져야 한다, 마흔 이후의 얼굴은 스스로 만드는 것이다"라고 말했다고 합니다. 잘생기고 못생기고의 잣대로 얼굴을 본 게 아니라, 그 사람의 인생을 얼굴에서 읽은 것입니다.

영혼의 성숙기

막 어른이 된 20대에게 우리가 기대하는 전형성은 근거 없는 자신감으로 거침없이 세상에 맞서는 모습일 것입니다. 이걸 '근자감'이라고 하던가요? 취업난으로 고생이 많기는 하지만 대학 또는 산업 현장에서 만나는 20대는 거의 본능적인 활기를 보여 줍니다. 특별히 꾸미거나 가꾸지 않아도 멋지고 아름다운 시기입니다. 미래에 대한 두려움이 있을지언정 강력한 호감과 생동감에 따른 매력이 있지요. 이것은 자연적인 것으로, 노력하지 않아도 갖게 되는 것입니다. 안타깝게도 20대 후반이 되면 이 힘은 자연스럽게 사라져 갑니다.

20대가 가장 원하는 것은 무엇일까요? 여러분은 어떠셨나요? 이런저런 예외가 있겠지만 많은 20대가 다양한 경험을 원할 것입니다. 연애는 물론이고 여행과 직업적 체험, 이를 통한 다채로운 사람과의 만남 등 개인적인 경험에 대한 갈망이 큽니다. 돋보이고 싶은 욕구도 크고, 남의 눈에 어떻게 보이는지에도 관심이 많지요. 좌충우돌하면서 시행착오를 겪어도 크게 문제 될 게 없는 것이 20대의 특권이라 할 수 있습니다. 어떻게 보면 이것은 현실 사회에 적응해 가는 모습이기도 합니다. 이 과정에서 '달면 삼키고 쓰면 뱉는' 식이었던 감정적인 태도가 성숙해집니다. 자기 교육에 관심이 있는 사람이라면 점점 사려 깊고 합리적인 모습을 보여 줍니다. 수많은 경험을 통해 자기가 어떤 사람인지 알게 되기 때문입니다.

그러나 30대에 가까워지면 어떤 위기가 찾아옵니다. 여전히 젊지만 20대의 강렬한 젊음이 끝나 가고 활력은 소진되는 것처럼 보입니다. 밤을 새워도 금방 회복되고 음주가무를 즐겨도 끄떡없던 체력이 예전 같지 않다는 느낌이 들지요. 세상만사에 점점 확신이 줄어들고, 이상주의자로서의 자유로운 영혼은 차츰 의기소침해지는 듯합니다. 이때부터는 자기 교육을 통해 삶의 추진력을 스스로 만들어 내야 합니다. 내적 동기를 분명히 하고 자기만의 소망을 갖는 것입니다. 이 시기에 탄탄한 삶의 기초를 확립하려고 노력하지 않는다면 이후의 인생은 고난의 연속이 될 수 있습니다.

자기중심성을 극복하려면 역설적으로 자기중심을 명확히 해야 합니다. 삶을 살아가는 자신만의 원칙을 분명히 하고, 당장은 아니어도 언젠가는 이루어졌으면 하는 커다란 소망을 품고 사는 태도가 의지력을 키웁니다. 현실적으로 30대에는 대체로 가정을 꾸리고 아이를 낳아 키우느라 바쁩니다. 결혼과 출산을 반드시 해야 할 의무까지는 없지만, 20대 후반에서 30대 중후반에 많은 사람이 결혼을 하고 아이를 낳습니다. 또 직장에서 커리어를 쌓고 승진도 해야 하며 필요하면 이직도 해야 합니다. 보험도 들어야 하고 집이나 자동차도 좀 더 큰 것으로 바꾸고 싶어서 분주하기 이를 데 없습니다. 30대는 가정에서도 직장에서도 열심히 일하고 뿌리를 내리는 시기라고 할 수 있습니다.

바쁘게 잘 살다가도 30대 중반 또는 후반에는 마음의 열병을 앓기도 합니다. 어느 날 문득 정신이 또렷해지면서 '내가 지금 뭐 하고 있는 거지? 잘 살고 있는 거야? 그동안 내가 추구해 온 것은 대체 무엇이지?' 하는 근본적인 질문이 듭니다. 섬세한 감수성을 지닌 예술가들은 이 시기에 위기를 더 크게 느끼고 심각하게 방황하곤 합니다. 자칫 알코올 중독에 빠지거나 나락에 떨어지기도 하지요. 근본적인 질문에 맞서기 어려운 사람들은 다양한 방법으로 회피를 합니다. 가정보다 직장에 목을 매거나 더 좋은 차 또는 고급 핸드백에 집착하기도 하고, 주식이나 부동산 투자에 힘을 쏟기도 합니다. 집착의 대상이 아이가 되어, 아이에게 최고의 교육을 해 주기 위해 시간과 돈을 쏟아붓기도 하지요. 그러나 근본 질문은 마음속에 그대로 남아 있습니다. 그 이유는 이 시기부터 우리가 노화라는 것을 의식적, 무의식적으로 느끼기 때문입니다. 노화는 우리가 끔찍하게 여기는 죽음의 문제를 직면하도록 합니다. 잘 관리하지 않는 이상 30대 중후반이 지나면 신체적으로 우리는 내리막길을 걷게 됩니다.

젊은 시절에는 사람이 늙고 병들어 죽는다는 게 낯설고 먼 이야기처럼 들릴 수 있습니다. 생명력으로 충만해 있으니까요. 30대에 들어서면서 그처럼 심각한 문제를 차츰 머리로 인식하기 시작합니다. 자기 자신에 대한 이성적 판단과 함께 인생이 영원하지 않음도 깨닫게 됩니다. 30대 중반 이후에 혼란기를 맞이하는 것은 그러한 문제들을 머리만이 아니라 가슴으로, 그리고 점점 온몸으로 느끼고 받아들여야 하기 때문입니다. 불안과 의문이 끊이지 않지요. 이럴 때는 어린 시절 보던 위인전을 다시 꺼내 읽는 것도 좋은 방법인데, 사실 우리가 알던 위대한 사람들도 이 혼란기를 피해 가지는 못했습니다. 훌륭한 위인이 되었다는 것은 그만큼 치열하게 고민하고 의지를 내어 싸웠다는 이야기입니다.

정신의 성숙기

'중년기의 폭발'을 잘 관리하고 직면해서 넘어섰다면 40대에 우리는 정서적 안정감을 얻을 수 있습니다. 이때까지 성실하게 살아온 사람들이 자주 하는 말은 "나이 드는 건 참 아름다운 일이야"입니다. 그런 사람들의 얼굴에는 온화함과 함께 '자기답게 살아가고자 하는' 의지가 깃들어 있습니다. 그들은 소명 의식에 눈뜨기 시작합니다.

정신적으로 성숙해지기 시작하는 40대에게는 원숙하면서도 창조적인 사고를 할 수 있다는 강점이 있습니다. 익숙한 상황을 전혀 새롭게 볼 수 있고, 위기를 기회로 만들 수 있는 능력은 기존과는 다른 방식으로 사고하기 때문입니다. 이것은 자기 생각에 대해 생각할 수 있는 메타인지가 발달해서이기도 합니다. '이

상황에서 내가 무얼 할 수 있을까?'라는 질문에서 '지금 상황이 나에게 요구하는 게 뭘까?'로 생각의 방향을 바꾸는 것도 좋은 방법입니다. 앞의 질문이 자기중심적인 한계에서 출발한다면, 뒤의 질문은 나를 내려놓고 현재 상황의 진실을 수용하게 해 줍니다.

그러나 오늘날 40대의 삶은 현실의 무게에 눌려 녹록지 않습니다. 늘어 가는 생활비와 함께 아이들의 교육비, 노년이 된 부모님의 병원비가 부담스러워지기 시작합니다. 외환위기 이후 신자유주의 질서에 편입되면서 직업 안정성이 형편없이 떨어졌기 때문에 잘나간다는 사람이라도 한 해 한 해 불안감이 쌓여 갑니다. 자아의 문제든, 죽음의 문제든 고민할 수 있는 시간적 여유도 없거니와 그런 문제에 대해 진지하게 이야기 나눌 수 있는 친구도, 성숙한 문화도 거의 없습니다. 그래서 미혹에 빠지기 쉬운 마음 상태가 됩니다. 나를 위로해 주고, 나를 이끌어 줄 수 있는 강력한 힘을 찾는 마음이 커집니다. 그 대상은 사람이 될 수도 있고, 종교나 돈, 술 또는 정당이 될 수도 있습니다.

종교적 관점에서 본다면 30대 후반에서 40대 초반에 이르는 위기의 시기를 '영적 전환의 시기'라고 할 수 있습니다. 영성에 대한 갈망이 우리가 갈 길을 알려 줍니다. 영국의 마이클 앱티드 감독의 다큐멘터리 『63 UP』은 다양한 계층의 7세 어린이 14명을 인터뷰하고, 이후 7년마다 14세에서 63세까지의 성장을 담은 프로젝트입니다. 제가 가장 흥미롭게 본 인물은 우주비행사가 되고 싶다고 한 리버풀 소년 닐이었습니다. 명랑하던 소년은 대학을 중퇴하고 노숙자 생활을 하다가 중년에는 지방의회 의원이 되기도 했고, 말년에는 평신도 사역자로서 교회에서 설교하는 일을 합니다. 닐이라는 인물은 끊임없이 삶의 의미를 묻고 두려움에 떨기도 합니다. 그의 삶은 아슬아슬해 보이기도 하지만 결국엔 충만한 느낌이 듭니다. 저는 그가 치열한 탐색 속에서 영적 전환을 겪으며 근본적으로 달라졌다고 생각합니다.

영 또는 정신 같은 개념은 아직 현대사회에 적합해 보이지 않습니다. 여전히 우리는 이성의 시대에 살고 있으며, 물질주의를 완전히 극복하지 못했기 때문입니다. 다만 이대로는 충분하지 않고 만족스럽지 않다는 걸 느낍니다. '공감'이라는 키워드가 유행하는 것도 우리 마음이 좀 더 성숙한 상태를 갈구하고 있기 때문일 것입니다. 그렇다면 영성이란 말을 어떻게 정의 내리는 게 좋을까요? 어떻게 해야 신비주의에 빠지지 않으면서도 적확한 개념으로 설명할 수 있을지 고민하면서 저는 '자기중심성을 극복한 합리성'이라는 결론을 내렸습니다. 오늘날 합리성을 에둘러 갈 수는 없다고 봅니다. 기존 과학의 한계를 지적하면서도 더 심층적인 합리성에 대해 탐구하지 않고, 사이비과학 같은 신비주의로 빠지는 사람들을 많이 봅니다. 발도르프 교육을 신비주의의 일종으로 보고 온갖 검증되지 않은 이론을 갖다 붙여 설명하는 사람도 있는데, 루돌프 슈타이너는 자신의 사상을 과학이라는 반석 위에 세우고자 평생 애썼던 사람입니다.

우리 시대의 고질적 병폐는 왜곡된 상대주의로 인한 유사과학, 가짜뉴스 등 탈진실의 문제라고 할 수 있습니다. 인터넷에 널려 있는 허황된 이야기, 영성으로 치장한 혐오와 망상 등을 우리는 어떻게 극복할 수 있을까요? 저는 다시 과학으로 돌아오는 수밖에 없다고 생각합니다. 더욱 합리적으로 사고하되 자기중심성에서 벗어나는 것이야말로 영성의 기초를 다지는 작업입니다. 자기가 생각하는 특정 이론에 빠져 있거나 자기

이익을 중심으로 사고하는 것이야말로 자기중심적인 한계를 가져옵니다. 엄밀하게 탐구하고 검증하지 않으면 한 사람의 세계관은 자칫 개똥철학에 머물 수 있습니다.

정신적으로 성숙해진다는 것은 자기 인식을 통해 자기중심성을 극복하고, 합리적이되 따뜻한 시선을 놓치지 않는 것을 말합니다. 자기 인식이 중요한 이유는 그래야 '내 삶을 내가 이끌어 간다'는 느낌인 자아감이 강해지기 때문입니다. 자아감이 희미해질수록 우리는 미혹에 빠집니다. 내 힘으로 일어서기보다 다른 사람이 손을 잡아 이끌어 주기를 바라게 됩니다. 자기 자신을 직면하는 일은 고독하지만 용기를 낼 만한 가치가 있습니다.

40대가 그간의 경험을 자신의 능력으로 바꾸어 젊은 세대에게 나눠 주어야 하는 시기라면, 50대는 내면의 소리에 귀를 기울이는 동시에 젊은 세대의 부모 역할을 하는 시기입니다. 후진을 양성하고 은퇴를 준비하는 50대에게 삶의 의미는 좀 더 인류 보편적인 가치를 띠게 됩니다. 20대가 자기 자신의 삶에 집중하고, 30대가 자기 가정과 직장에 매진한다면, 40대는 사회적인 관심을 확장해야 합니다. 그리고 50대에는 세계적인 인류애에 시선을 돌릴 필요가 있습니다. 비록 몸은 쇠약해 가지만 마음만큼은 품이 넓어져 인류 전체와의 연결성에 관심을 갖고, 보편적 인권과 생명의 가치에 좀 더 관심을 갖는 것입니다.

나이 듦에 대하여

50대 이후에 정신적 건강함을 잃는 사람들은 대부분 자기중심성을 극복하지 못해서라고 할 수 있습니다. 특정 종교를 따른다고 하더라도 기복신앙이나 폐쇄주의에서 벗어나 세상 전체를 향한 연민으로 종교적 힘을 키울 수 있어야 합니다. 종교의 진리로부터 흘러나오는 힘을 자아의 성장에 작용시킬 때, 그 힘은 자아를 통해 개인의 습관에까지 영향을 줍니다. 40대에 감정과 욕구를 자아의 통제 아래 두는 게 과제인 것처럼, 50대에는 변치 않을 것 같았던 작은 습관이나 성향을 온유하게 변화시키는 것이 중요한 과제입니다. 꼭 종교의 힘을 빌리지 않아도 가능합니다. 전문성을 오래 쌓아 오거나 예술 작업에 몰두해 온 이들도 그런 변화를 이루곤 합니다. 이런 사람은 자신감이 있되 겸손을 잃지 않는 특징을 보입니다.

하늘의 뜻을 안다는 지천명은 그래서 50대의 과제와 같습니다. 지천명이란 마음 안의 반감을 극복하는 과정과 같습니다. 사춘기의 반감은 내적 권위를 찾기 위한 자립적 힘이라고 할 수 있지만 정체성이 확립되고 자기 뜻을 펼쳐 나가는 성인기에 반감은 전체적인 상황을 이해하는 데에 방해가 됩니다. 중년기에 반감의 힘을 제대로 통제하지 못하면 꼰대라는 평가를 받을 수밖에 없습니다. 호감을 유지하면서 반감을 극복하여 공감의 힘을 키우는 것이야말로 지천명이라 할 수 있으며, 그렇게 해서 주변의 요구에 귀를 잘 기울이는 것이 바로 이순이라고 할 수 있습니다. 내가 뜻하는 바를 추구하기보다 사람들이 필요로 하는 것에 의미를 부여하여 힘을 싣는 일은 성숙한 사람들이 이 시기에 가져야 할 사명입니다.

오늘날에 와서는 60대를 은퇴의 시기로 여깁니다. 물론 이때까지 젊음을 유지하고 유연하게 사고할 수 있다면 제2의 전성기를 맞이할 수 있을 것입니다. 100세 시대라는 말이 낯설지 않은 요즘 우리에게 63세까지의 삶은 한 인간으로서 완성되어 가는 시간이며, 그 이후는 가지고 온 운명으로부터 자유로워져 완전히 새로운 삶의 지평을 열어 가는 시간이 될 것입니다.

부모로서 아이의 발달 과정을 이해하는 것만큼이나 자신이 어디쯤 와 있고 어디로 갈 것인지 이해하는 것은 대단히 중요한 일입니다. 이미 벌어진 일과 앞으로 벌어지게 될 일에 대해 우리가 내적 저항을 멈추고 직면할 수 있을 때 삶은 변화의 가능성을 보여 줍니다. 우리가 키우는 아이들이 그 일을 도와주기도 합니다. 우리의 마음이 한쪽으로 과도하게 흐르진 않았는지, 이기적인 생각에 무책임해지고자 한 것은 아닌지, 지금 눈앞에 당도한 과제를 못 본 채 지나가지는 않았는지를 아이들은 언어적, 비언어적 행위로 우리에게 가르쳐 줍니다.

꼭 아이들이 알려 주지 않아도 우리 삶에는 위기를 알리는 보편적 신호의 세 가지 단계가 있습니다. 첫 번째는 구설에 오르는 것입니다. 의도하지 않았음에도 사람들 입에 내 이야기가 오르내린다면 첫 번째 경보입니다. 다른 사람의 반응에 늘 민감하게 대응해야 하는 것은 아니지만 사람들 입방아에 오르는 상황이 나에게 무엇을 말해 주려는 건지 살펴볼 필요가 있습니다. 특히 그것이 나에 대한 걱정이라면 더욱 그렇습니다. 분명히 유쾌한 상황은 아니고 억울할 수도 있습니다. 하지만 남들도 나처럼 직감이라는 것이 있는 법이니 무언가 순리대로 돌아가지 않을수록 구설에 오르기 쉽습니다.

두 번째는 금전적인 어려움에 빠지는 것입니다. 첫 번째 신호를 무시하고 지나쳤을 때 더 강력한 신호로 다가오는 것이 돈과 관련된 문제입니다. 갑작스럽게 목돈이 필요해진다거나 빌려준 돈을 돌려받지 못하게 될 때 잠시 멈추어 돌아볼 필요가 있습니다. 이런 일이 한꺼번에 몰아닥친다면 더 심각하게 생각해 보는 게 좋겠지요. 이쯤에서도 알아차리지 못하면 어떤 일이 벌어질까요? 세 번째 신호는 몸이 아픈 것입니다. 병으로 건강을 잃을 수도 있고 사고가 나서 다칠 수도 있습니다. 이만큼 강력한 신호도 없을 것입니다.

삶에서 위기의 신호는 역설적으로 변화할 수 있는 기회의 신호로 읽을 수 있습니다. 사람이 늘 '되어 가는' 존재라고 할 때 발달 시기의 한 과정이 매듭지어질 때쯤이면 어려움이 닥치곤 하는데, 새로운 과제가 다가오는 것은 아닌지 마음의 문을 열어 둘 필요가 있습니다. 그동안은 변화하지 않아도 그럭저럭 살아갈 수 있었지

만 이제 더는 그럴 수 없게 되었음을 받아들이는 겁니
다. 그러나 익숙한 것을 버리고 새로운 능력을 쌓는 것
은 말이 쉽지, 특별한 계기가 없으면 불가능에 가까운
일입니다. 불행인지 다행인지 아이들은 우리에게 다가
오는 삶의 도전을 거울처럼 투명하게 보여 주는 존재로
우리 곁에 있습니다. 우리는 아이와 함께 성장하는 존
재입니다.

4

부모로서 모르면 안 될 나와 아이의 기질

태양을 바라보며 나는

하느님의 영을 생각합니다.

내가 손을 움직이면

하느님의 혼은 내 안에 살아 계십니다.

내가 한 걸음 옮길 때마다

하느님의 뜻은 내 안을 거니십니다.

그리고 내가 한 사람을 바라볼 때

하느님의 혼은

그 사람 안에 살아 계십니다.

마찬가지로 그렇게

동물과 식물 그리고 광물 안에도 살아 계십니다.

내가 하느님의 영을 생각할 때

내가 하느님의 혼을 살아갈 때

내가 하느님의 뜻 안에서 거닐 때

두려움은 결코 다가올 수 없습니다.

— 루돌프 슈타이너

발도르프 교육의 네 가지 기질론

아이를 키우며 드는 궁금증 가운데 하나는 '이 아이는 대체 어떤 아이일까?' 하는 것입니다. 아이가 나와 성향이 다르다면 부모 입장에서는 아이를 이해하기가 참 어렵습니다. '내가 어렸을 때는 이러지 않았는데……' 하는 생각이 들겠지요. 독특한 아이를 어떻게 대해야 할지 확신이 들지 않을 때 기질을 공부하면 큰 도움이 됩니다. 사람의 생각과 감정, 욕구가 서로 굉장히 다르다는 것을 일상에서 우리는 자주 놓치곤 하죠. 또 우리는 내적으로 자기 자신과 살아가기 때문에 자기 자신이 모든 행동의 기준이 됩니다. 기질적 접근은 대상을 좀 더 객관적으로 볼 수 있게 해 줍니다. 기질에 대해 알고 있다면 아이를 있는 그대로 이해하는 게 좀 덜 어려울 수 있습니다.

집에 아이가 여럿이라면 저마다 기질이 달라서 재미있기도 하지만 자주 다툴 수 있습니다. 주말에 큰아이는 자기 방에서 조용히 책을 읽고 싶은데 둘째는 가족 모두와 놀이공원에 가자고 하고 셋째는 침대에서 뒹굴거리겠다고 한다면 어떨까요? 게다가 아빠는 아침 일찍 산에 가자고 하고 엄마는 셋째처럼 아무 생각 없이 하루 푹 쉬고 싶어 한다면요? 부부간에 일어나는 갈등도 대부분 그런 경우지요. 기질에 따라 욕구가 다른 것입니다. 물론 연차가 되는 부부라면 각자 하고 싶은 일을 하는 방식으로 싸움을 피할 수 있겠지만, 아이가 있다면 문제가 달라집니다.

사람은 저마다 독특한 기질을 타고납니다. 기질은 부모에게 물려받은 유전적인 요소에 자기만의 고유한 본성이 섞여 만들어집니다. 파랑이 노랑을 만나면 초록이 되고 빨강을 만나면 보라가 되는 것처럼 형제자매 간에도, 심지어 일란성 쌍둥이라 해도 기질이 다릅니다. 또 비슷해 보이는 기질이어도 잘 들여다보면 서로 다른 점이 많습니다. 같은 초록이어도 누구는 연두에 가깝고 누구는 짙은 청록일 수 있지요. 그런데 기질은 일정한 성향이기 때문에 쉽게 바뀌지 않습니다. 우리는 흔히 어떤 사람이 확 바뀌어서 나타나면 "저 사람 죽을 때가 됐나?" 하고 농담을 합니다. 그만큼 사람이 잘 안 바뀐다는 이야기입니다. "세 살 버릇 여든까지 간다"는 속담도 기질의 특성을 잘 보여 주는 말이고요.

사람은 역시 생긴 대로 살 때 가장 편한 것 같습니다. 모난 성격을 더 좋게 다듬을 수는 있겠지만 기질을 확 바꾼다든지, 선망하는 사람처럼 산다든지 하는 것은 불가능합니다. 나는 나답게 사는 것이고, 자기 교육을 통해 더 좋은 내가 될 수 있도록 노력할 수 있을 뿐입니다. 자아가 독립된 어른은 이처럼 노력을 통해 기질적 단점을 극복할 수 있는 반면, 아이들은 말 그대로 생긴 대로 사는 게 아이다운 모습입니다. 형제들과 지내면서 또는 친구들과 어울리면서 기질적으로 모난 부분이 다듬어질 수 있겠지요. 가끔 싸우기도 하면서요.

부모로서 아이의 기질을 바꿀 수는 없습니다. 어른으로서 내 성격을 고치는 것도 힘든데, 하물며 아이의 기질을 어떻게 바꿀 수 있을까요? 아이는 나와 다르다는 걸 인정하고, 대체 어떻게 다른지 알아보는 일이 먼저일 것입니다. 바꿀 수 없는 것을 계속 지적하고 힐난하기보다 기질적 특성을 잘 이해해 가급적 덜 부딪히고 사는 게 좋겠지요. 이것은 부부 사이에도 마찬가지입니다. 부딪히더라도 잘 부딪히는 게 좋고요.

우리는 누구나 자기 모습이 있는 그대로 받아들여지길 원합니다. 그렇지 않나요? 장점도 있고 단점도 있지만 기질적 특성을 온전히 인정받을 때 사랑받는다는 느낌이 듭니다. 또 삶의 주도권은 누구든 자기 자신에게 있으므로 아무리 어린아이라도 선을 넘는 소언을 하면 아이의 삶을 침해하는 셈입니다. 잘못을 했을 때는 지적을 받고 따끔하게 혼날 수도 있지만, 다른 아이와 비교하거나 특정한 성향을 억누르는 방식은 아이의 자아감을 약화시킬 수 있습니다.

발도르프 교육에서는 히포크라테스의 4체액설을 계승하여 네 가지 기질론으로 접근합니다. 그리스 시대에는 사람의 혈액과 황담즙, 흑담즙, 점액 등 네 가지 체액 중 어떤 것이 우세하냐에 따라 성향을 나누었습니다. 오늘날에 와서 그런 식으로 접근하면 비과학적이라고 비난받기 딱 좋겠지요. 또 네 가지 기질론이 사람의 복잡한 특성을 너무 단순화시키는 것 아니냐는 비판이 있기도 합니다. 맞습니다. 몇 가지 유형에 사람을 끼워 맞추는 식으로 접근하면 오히려 편견을 가중시킬 수 있습니다. 기질론은 하나의 참고사항이지, 꼬리표처럼 작용해서는 안 됩니다. 검사항목 같은 걸로 손쉽게 분석하기보다 오래 관찰하면서 아이의 행동 패턴을 파악하는 게 가장 적합해 보입니다.

아이를 대할 때 기질적 접근이 도움이 되는 건 사실입니다. 발도르프 교육에서는 학기가 시작하고 한두 달 안에 아이들의 기질을 파악할 필요가 있다고 말합니다. 차분하고 신중한 부모에게 고집스럽고 목소리가 큰 아이는 좀 '이상한 아이'처럼 느껴질 수 있습니다. 하지만 세상에 '이상한 아이'는 없습니다. 그런 아이는 부모와 달리 자기주장이 분명하고 단호한 성격의 아이일 뿐입니다.

일반적으로 모든 사람은 네 가지 기질이 혼합되어 있습니다. 하지만 누구나 우세한 한두 가지 요소를 지니고 있기에 특정한 기질적 모습이 나타납니다. 반대로 말하면 누구나 기질적으로 부족한 요소가 있기 때문에 나에게 무엇이 부족한지를 근거로 기질을 파악할 수도 있습니다. 기질을 발견하고 아이를 키우는 데에 활용한다는 것은 부모 입장에서 아이를 쉽게 통제하기 위해서가 아닙니다. 기질적 이해는 아이를 있는 그대로 인정함으로써 아이가 건강하게 성장하고, 아이와 좀 더 온전한 관계를 만드는 데에 그 목적이 있습니다.

저는 다혈질, 담즙질, 우울질, 점액질 등의 용어가 어려워 오랫동안 고생한 경험이 있습니다. 고대 그리스 시대의 관점처럼 땅, 물, 불, 바람에 비유하기도 하는데, 저는 계절의 전형성을 가져오는 게 가장 적합하다고 생각합니다. 봄 여름 가을 겨울의 분위기가 기질적 특성과 아주 잘 어울리기 때문입니다. 그래서 다혈질을 봄, 담즙질을 여름, 우울질을 가을, 점액질을 겨울에 비유해 설명하겠습니다.

봄 기질 아이를 대하는 법

차근차근 각각의 기질에 대해 알아보겠습니다. 여러분, 봄 하면 무엇이 떠오르시나요? 편안하게 생각해보세요. 자유롭게 연상하시면 됩니다. 새싹, 따뜻함, 벚꽃, 개나리, 설렘, 봄바람, 아지랑이, 얼음이 녹아 흐르는 시냇물, 헤엄치는 물고기, 붕붕대는 꿀벌, 팔랑거리는 나비, 개학식 등등. 그렇습니다. 봄의 심상은 밝고 가볍고 따뜻합니다. 새싹이 돋고 꽃이 피면서 한 해가 본격적으로 시작되고 있다는 느낌이 들고, 생동감과 다채로움도 느껴집니다. 이러한 분위기를 주로 갖는 사람을 우리는 봄 기질이라고 표현합니다.

봄 기질은 어른 아이 할 것 없이 말도 잘하고 수다스럽게 이야기 나누는 걸 좋아합니다. 이들에게 세상은 환한 봄날처럼 재미있고 신기한 일투성이입니다. 친한 사람들과 정서적인 교감을 나누며 대화를 하고 맛있는 걸 먹으러 갈 때 한없이 행복합니다. 혼자 다니기보다 가족이나 친구와 함께 다니는 게 좋고, 쇼핑을 하는 것도 즐거운 일입니다. 눈에 보이는 대로 사고 싶지만 그럴 수는 없으니 계속 둘러보고 무엇을 고를지 고민하는 일을 즐깁니다. 멋지게 차려입고 친교 활동에 가는 것 역시 빼놓을 수 없는 재미지요. 처음 보는 낯선 사람일지라도 금세 사귀어 십년지기처럼 온갖 이야기를 나누고 있을 것입니다. 누군가 새로운 분야를 매력적으로 소개한다면 당장 그 일에 참여하고 싶어질 수도 있습니다.

교실에서 봄 기질 아이들은 금방 눈에 띕니다. 기대감으로 가득 찬 얼굴에 눈빛은 반짝반짝하고 발걸음은 나비처럼 가볍습니다. 걷기보다는 뛰어다니고, 비록 걸을지라도 발끝으로 가볍게 다닙니다. 사실 나비처럼 날아야 하는데 그럴 순 없으니 뛰는 것입니다. 마음이 급해지면 금방 짜증을 내고 불평을 하지만 곧 스스로를 진정시킵니다. 이 아이들은 오랫동안 화를 내거나 슬퍼하지 못합니다. 지나간 일은 금세 잊고 다가오는 새로운 일에 마음이 가기 때문입니다. 봄 아이는 과거도 미래도 아닌 '지금 여기'에 삽니다. 주변에서 일어나는 모든 일에 관심이 있고, 친구들 사이에서 벌어지는 사건사고를 다 알고 있으며, 사교의 중심에 있습니다. 대체로 상상력이 풍부하고 재미있는 생각이 많이 떠오릅니다. 그리고 그걸 다 말로 표현하고 싶어 하지요.

집에 이런 아이가 있다면 끊임없이 재잘거리며 왔다 갔다 분주할 것입니다. 심심한 걸 참을 수 없어 계속 뭔가 일을 벌이기 마련입니다. 거울을 보며 옷장 속 옷을 다 꺼내서 입어 본다든가, 색종이를 가져와 오리고 풀로 붙이며 놀겠지요. 하지만 어느 순간 아이는 갈아입던 옷을 던져 놓고 사라져 버립니다. 색종이와 가위 그리고 뚜껑도 닫지 않은 풀을 한쪽 구석에 치우고 새로 산 책을 읽을지도 모릅니다. 문제는 몇 페이지 안 읽고 일어나 부엌에 가서 요리를 하겠다며 밀가루를 찾아 달라는 데에 있습니다.

애교 넘치는 봄 기질 아이 덕분에 집안 분위기는 밝고 즐겁습니다. 하지만 아이가 클수록 부모님은 걱정이 되실 것입니다. 아이가 너무 조심성 없고 산만한 건 아닌지 의심스러워지겠죠. 하겠다고 약속한 일을 금세 잊고 말도 안 되는 이유를 둘러대는 건 예사고, 학교에서 선생님이 적어 준 알림장을 꺼내 놓지 않아서 준비물을 안 가져간다든가, 새로 사 준 책을 몇 페이지 읽지도 않았으면서 또 새로운 책을 사 달라고 조르기 때문에 슬슬 화가 날 수 있습니다. 방학이 되면 계획표를 열심히 짠 다음 바로 당일부터 계획을 안 지켜 혼이 나기도 합니다. 그런데 봄 기질 아이를 혼내는 건 좋은 방법이 아닙니다. 봄 아이는 아무리 혼을 내도 심각하게 받아들일 줄 모르기 때문입니다. 눈물이 쏙 빠지게 혼났다고 해도 돌아서서 킥킥대며 웃는 게 봄 기질 아이입니다.

학습 면에서는 하나의 지속적인 관심거리를 발견하도록 도와야 합니다. 봄 아이에게 자기주도적 학습을 기대하는 것은 무리입니다. 집요하게 끝까지 물고 늘어지는 모습은 봄 아이와 어울리지 않습니다. 교실에서 열심히 공부하고 난 다음 날 "어제 우리 뭐 공부했지?" 하고 물으면 "기억은 안 나지만 재미있었어요. 또 해요!" 이렇게 답하는 게 봄 아이입니다. 귀찮아도 부모님이 계속 확인하고 격려하고 지시해 주어야 합니다. 자기 일을 알아서 착실하게 하는 다른 아이와 비교하는 건 무의미합니다. 그렇게 하고 싶어도 그럴 수가 없으니까요. 다른 아이가 학습에서 10만큼 한다면 7이나 8만큼은 하도록 아이를 이끌어야 합니다. 그래야 자존 감이 낮아지지 않습니다. 그렇지 않고 방치하면 아이는 학년이 올라갈수록 자기는 말만 많지, 성취한 게 없음을 깨닫게 됩니다. 성취감은 자존감과 직결되지요. 봄 아이에게 성취의 경험은 특히 소중합니다.

금세 지루해하는 봄 아이의 성격을 고려하면, 한 가지 주제의 학습을 할 때 되도록 다양한 소재를 제공해 주는 게 좋습니다. 곤충에 대해 공부한다면 여러 곤충에 관한 책을 빌려오고, 곤충 만들기 같은 활동도 할 수 있게 도와줍니다. 아이가 꼭 읽었으면 하는 책은 책 앞면이 보이게 배치합니다. 그러면 짧게라도 볼 확률이 커집니다. 눈에 띄면 띄는 대로 관심이 가기 때문입니다. 무슨 일을 하든 정확하게 지시하고, 흥미가 떨어졌을 때는 적절하게 격려해 주는 것이 원칙입니다. 잘못이 있을 경우 훈계는 필요하나 친절한 말로 충분합니다. 봄 아이를 위해 우리가 더 신경 써야 할 부분은 집 안이 너무 산만하지 않도록 단조롭게 정리하는 것과 아이가 흥분되지 않고 차분해질 수 있게 조용히, 힘주어 말하는 것입니다. 그리고 아이가 집중해서 무언가를 할 수 있도록 격려하는 일입니다. 무언가에 진정한 흥미를 느낀다면 봄 기질 아이도 놀라운 집중력을 보여 줄 것입니다.

봄 아이는 세상 모든 것을 사랑하고, 다른 사람들을 기쁘게 해 주고 싶어 합니다. 덕분에 봄 아이가 있는 공간은 밝고 가볍고 신이 납니다. 봄바람처럼 살랑거리는 이 아이가 땅 위에 발을 딛고 뿌리를 내릴 수 있도록 우리는 좀 더 많은 관심을 기울여 주어야 합니다.

여름 기질 아이를 대하는 법

이번에는 여름에 대해 이야기해 볼까요? 여름의 전형성, 즉 여름을 상징하는 특성은 무엇일까요? 더위, 강렬한 햇빛, 무성한 초목, 태풍, 비가 와도 부슬부슬 오지 않지요. 마구 퍼붓습니다. 숲에 가도 초목이 불타 듯 우거지고요. 이처럼 여름은 강한 에너지를 떠오르게 합니다. 바다, 에어컨, 시냇물, 수박, 아이스크림 등이 떠오르는 것은 오로지 여름의 무더위 때문입니다. 여름은 마치 불길처럼 강력한 힘을 느끼게 합니다.

여름 기질의 특성은 역시 힘입니다. 아이든 어른이든 여름 기질들은 욕구가 분명하고 강하며, 무언가를 성취해 내기 위해 온몸에 힘이 들어가 있습니다. 이들의 생각은 그리 복잡하지 않습니다. 산에 가자고 했다면 반드시 정상에 오르려 할 것입니다. 일을 시작했다면 어떻게든 끝을 보려 하겠지요. 중간에 포기한다는 건 여름 기질의 선택지에 없습니다. 외향적인 건 같지만 봄 기질과 달리 성취감이 매우 강합니다.

　이들은 느긋하게 앉아 있기보다는 항상 돌아다니며 뭔가를 해야 합니다. 걸을 때는 발뒤꿈치로 바닥을 쿵쿵 힘치게 딛습니다. 말을 할 때는 큰 목소리로 단호하게 요구하며 마음먹은 일은 반드시 이루어져야 한다고 믿습니다. 자기만이 필요한 것을 안다고 생각하기 때문에 물러서지 않습니다. 생각만 많고 행동이 없는 사람, 맥없이 무기력한 사람 혹은 자기와 의견이 다른 사람에게는 참을성이 없습니다. 자기에 대한 비판을 참지 못하고 자기 잘못을 잘 인정하지 않습니다. 화를 내도 폭발적으로 내지요. 소리를 지르고 탁자를 힘껏 내리칠지도 모릅니다. 여름 기질의 특징 중 하나는 늘 화낼 준비가 되어 있다는 것입니다. 하지만 화가 가라앉은 뒤 스스로 상황을 돌아보게 하면 잘못을 인정하고 벌어진 상황에 긍정적으로 대처할 것입니다. 자신이 꼭 필요한 사람이고, 그 사실을 모두에게 인정받는다면 지나친 관대함과 친근함을 보일 수 있습니다. 이러한 여름 기질이 무서울 수도 있지만 이들이 없으면 세상에

되는 일이 없을 것입니다.

　여름 기질 아이는 잠을 잘 자고 일찍 일어나며 씩씩한 편입니다. 저희 집 아이가 바로 여름 기질인데요, 이 아이는 아침 6시에 벌떡 일어나 "아, 아침이다!" 하고 저에게 옵니다. 일어났으니 놀아야 한다면서요. 다행히 저도 여름 기질이 강해서 별로 힘들지는 않습니다. 저는 대체로 새벽에 일어나 일을 하다가 거실에서 아이를 기다리고 있거든요. 겨울 기질인 아내는 일단 일어나는 것부터 힘들어해서 아침에는 철저히 제가 아이를 돌봅니다.

　다른 기질에 비해 여름 아이는 매운 음식을 잘 먹고, 밥을 빨리 먹는 편입니다. 밥을 먹고 나서는 또 무언가를 해야 합니다. 안전한 일보다 모험을 좋아하고 목표에 대한 확고한 의지를 갖고 있습니다. 결단과 반응이 빠르며 확신에 차 있지요. 또 실제적인 일에 에너지를 쏟고, 결정된 일은 끝까지 해 내려고 합니다. 역경에 굴하지 않는 끈기와 남들까지 움직일 수 있는 열정이 있기 때문에 언제나 친구들을 주도하려고 할 것입니다. 여름 아이는 어느 자리에서든 주인공이 되고 싶습니다. 자기가 소외되는 상황은 상상할 수도 없지요. 다른 사람에게 상냥하기보다 퉁명스럽고, 다른 사람이 상처를 받는지 크게 신경 쓰지도 않습니다. 공정함을 중시하므로 자기 나름의 정의감을 남에게 강요하고, 뜻대로 안 되면 복수를 감행하기도 합니다. 대체로 자기중심적으로 공정하기 때문에 다른 아이들에게 귤을 두 개씩 주고 자기에게만 하나를 준다면 참지 못하고 폭발할 것입니다. 반대로 다른 아이들에게는 하나씩 주고 자기에게만 두 개를 준다면 '내가 잘하고 있어서 상을 받는 거야'라고 생각하며 조용히 웃을지도 모릅니다.

여름 기질 아이는 자존심이 강하기 때문에 갈등 상황에서 주의 깊은 대처가 필요합니다. 아이가 문제를 일으켰을 때 그 자리에서 혼내는 것은 의미가 없습니다. 오히려 불길에 기름을 쏟는 격이 될 수 있습니다. 아이가 스스로 차분해질 때까지 시간을 두고 기다려 주어야만 문제를 해결할 수 있습니다. 만약 부모님이 그 자리에서 화를 내며 훈계를 한다면 여름 아이의 태도는 더 부정적으로 변하여 걷잡을 수 없이 난폭해질 수 있습니다. 특히 다른 사람들 앞에서 혼내는 것을 조심해야 합니다. 누구보다 인정받길 원하는 여름 아이가 가장 싫어하는 게 여러 사람 앞에서 무시당하는 것입니다. 아이가 잘못된 행동을 했을 때는 시간이 조금 지나서 차분해진 뒤에 상황을 객관적으로 확인하고, "이런 일이 있었던 것 맞아? 어떻게 생각하니?" 하고 물어보시기 바랍니다. 아이는 선택권이 자기에게 있다고 느낄 때, 다시 말해 스스로 판결을 내릴 때 비로소 합리적인 판단을 할 수 있습니다.

에너지가 넘치는 여름 아이를 키우는 일은 말처럼 쉽지 않습니다. 아무리 놀아 줘도 끝이 없습니다. 부모는 점점 지쳐서 쉬고 싶은데 아이는 더 힘이 솟지요. 그래서 여름 아이의 부모님 중에는 야근하는 분이 많습니다. 집에 오면 일보다 무서운 아이가 기다리고 있으니까요. 여름 아이는 약한 사람을 싫어해서 부모님이어도 누가 더 강한지 시험해 보려고 듭니다. 그래서 여름 아이 앞에서는 단호하고 힘 있는 모습을 보여 주어야 합니다. 여름 아이가 또 싫어하는 일이 약속을 지키지 않는 것입니다. "아빠, 주말에 뭐 할 거야?" 저희 집 아이가 잘하는 말인데요, 이때 아무 생각 없이 "넌 뭐 하고 싶은데?"라고 묻는 건 좋은 방법이 아닙니다. "응, 이번 주말에는 오전에 강아지랑 산책하고 온 다음에 집에서 점심 먹고 오후에는 킥보드 타러 갈 거야. 근데 비가 오면 집에서 블록 쌓기 할 거야." 이런 식으로 정확한 계획을 말해 줘야 합니다.

여름 아이는 한번 마음을 먹으면 그대로 해야 합니다. 뜻대로 일이 되지 않으면 견딜 수가 없습니다. 하지만 의리를 지키는 성격이니 아이와 평소에 끈끈한 관계를 형성해 두시길요. 아이에게 끌려다니기보다 부모님이 대장이 되고 아이는 총애받는 부하가 되는 것이 이상적입니다. 훈계보다는 유머가 필요하지만 단호할 때는 아주 단호하게 말하고 원칙을 지킬 때 아이가 편안해합니다. 무엇보다 여름 아이에게는 우러러볼 사람이 필요합니다. 어린 시절일수록 엄마 아빠는 모든 것을 알고 있고 모든 것을 할 수 있는 존재로 여겨지는 게 좋습니다. 그러려면 우리 스스로 힘을 키워 두는 게 필요하겠지요. 여름 아이는 자신감 넘치고 여유로운 어른을 존경하며 본받고자 합니다.

가을 기질 아이를 대하는 법

이번에는 가을 기질입니다. '가을' 하면 무엇이 떠오르시나요? 낙엽, 단풍, 쓸쓸함, 열매, 추수, 사색 등 가을은 봄의 대척점에 있습니다. 더위가 한풀 꺾이고 서늘한 바람이 불어오면 '이제 한 해가 가는구나' 하는 생각이 들지요. 날씨가 조금씩 쌀쌀해지면서 마음도 쓸쓸해집니다. 뭔가 허전하고 외롭고 '한 해 동안 나는 뭐했나……' 하는 생각이 들기도 합니다. 무더운 여름에 잠들었던 정신이 찬바람을 맞으며 깨어난다고 해야 할까요. 오랫동안 못 만난 친구가 보고 싶고, 사진첩을 들여다보며 가만히 옛 추억에 잠기기도 합니다. 가을 기질은 그렇게 낭만적이고 사색적입니다. 이들에게는 가을 저녁처럼 어딘가 무겁고 어두운 기조가 스며 있습니다.

가을 기질은 세상으로부터 한발 떨어져서 사람들을 관찰합니다. 이들에게는 바쁜 일상에서 벗어나 혼자 산책을 하거나 차를 마시며 생각을 정리하는 시간이 꼭 필요합니다. 자기 마음에 일어나는 감정과 생각에 귀를 기울이고 시를 쓰는 것은 단지 자기만을 위한 행동이 아닙니다. 이들이 길어 올린 통찰 덕분에 우리는 무심코 지나쳤던 사안에 대해 깊이 생각해 볼 수 있습니다. 이들의 도움으로 과거의 실수를 되풀이하지 않고, 눈에 보이지 않지만 중요하게 다루어야 할 요소들을 고려하게 됩니다. 가을 기질은 다른 기질의 사람들이 상상할 수 없을 정도로 많은 생각을 하며 살아갑니다. 생각하는 게 취미라고 해도 과언이 아닙니다. 문제는 자기 입장만이 아닌 다른 사람의 입장에서 그 사람의 의도까지 생각하는 데에 있습니다.

가을 기질의 어려움은 자기중심적인 생각으로 인해 현실이 왜곡될 때 가장 커집니다. 예를 들어, 친하게 지내던 사람이 어느 날 인사를 받아 주지 않고 굳은 얼굴로 지나친다면 여러 생각이 꼬리에 꼬리를 물고 이어질 것입니다. '무슨 일이지? 내가 뭘 잘못했나? 지난번에 돈 빌려달라는 부탁을 거절해서 그러나? 이제 내가 싫어진 건가?' 별의별 생각이 자꾸 고개를 드는 것입니다. 상대방은 급한 일 때문에 모르고 지나쳤을 수도 있는데 말이죠. 대체로 생각은 반감에서 나옵니다. 비판적인 사고를 잘하는 사람은 반감 또한 강해서 매사에 까칠하다는 평가를 받을 수 있습니다. 이것은 우리의 생각이 긍정적인 방향보다 부정적인 방향으로 흐르기 쉽다는 사실을 알려 줍니다. 실제로 우리가 무언가에 대해 생각을 하면 할수록 부정적인 측면이 부각됩니다. 적당히 생각하고 행동으로 옮기는 게 가장 합리적인 태도입니다.

가을 기질 아이 역시 생각이 많은 편입니다. 대체로 조용하고 내성적인 가을 아이는 사람 사귀는 걸 힘들어합니다. 친구도 믿을 만한 아이 몇이면 되고 아니면 혼자서도 잘 지냅니다. 새 학년이 되어 선생님이 바뀌면 기대보다 걱정이 앞섭니다. 선생님이 무서운 분은 아닐지, 작년 선생님이 더 좋았는데 이번 선생님과 잘 지낼 수 있을지, 교과서가 너무 어려워 보이는데 잘 따라갈 수 있을지⋯⋯ 근심이 커져서 학교에 안 가고 싶다고 말하기도 합니다. 머리가 아프다거나 배가 아프다고 둘러댈 때가 많지요. 그럴 때는 가만히 아이의 마음에 공감해 주는 게 좋습니다. 혼내거나 같이 걱정하거나 답을 제시하는 것은 별다른 도움이 되지 않습니다. 가을 아이에게는 "괜찮아. 다 잘될 거야. 힘내!"라고 말하는 것도 그닥 도움이 안 됩니다. 애늙은이처럼 생각이 깊은 가을 아이는 '나한테 관심이 없으니 저렇게 영혼 없는 말이나 하지'라고 생각할지도 모릅니다.

　힘들어하는 가을 아이에게는 감정을 솔직히 표현하도록 도와주시는 게 좋습니다. "마음이 어때? 많이 속상해? 걱정되는 게 있니?" 무심한 듯 가볍게 질문을 던지고 아이의 이야기에 귀 기울여 들어 주는 것만으로도 아이는 마음이 편안해집니다. 그렇다고 해서 아이의 말을 다 믿을 수는 없습니다. 자기중심적인 사고에서 벗어나지 못한 아이는 작은 일도 부풀려서 생각하고 심지어 그 생각을 스스로 믿어 버리는 경향이 있기 때문입니다. 따라서 아이가 친구와 갈등을 겪을 때는 구체적으로 무슨 일이 있었고, 그 일로 인해 어떤 감정을 느꼈는지를 물어봐야 합니다. "걔가 맨날 나 무시하잖아"라고 말한다면 "그 친구가 어떻게 했길래 무시당했다는 생각이 들었니? 뭐라고 말했는데?"라고 물어서 생각과 실제를 명확하게 구분할 수 있도록 해 줍니다.

집중력이 뛰어난 가을 아이는 한번 흥미가 생기면 자신감은 부족할지언정 누구보다 잘하고 싶은 마음이 큽니다. 하지만 완벽주의 성향도 있어서 가볍게 행동하지는 않습니다. 속으로 어느 정도 생각하며 준비할 시간을 주는 게 좋습니다. 잘 못할 것 같다며 자신 없어 한다면 "넌 잘할 수 있어"라는 말보다 "못해도 괜찮아. 그냥 해 봐. 꼭 잘해야 하는 건 아니잖아. 기다려 줄게"라고 말하는 게 효과적입니다. 가을 아이에게는 위인 이야기를 들려주는 것도 도움이 됩니다. 위대한 인물들이 얼마나 많은 역경을 이겨 냈는지 들으며 아이는 감동을 받습니다. 슬픈 이야기일수록 가을 아이는 애착을 갖고 주인공과 자신을 동일시합니다. 그러므로 지나치게 비극적인 이야기는 좋지 않습니다.

여름 아이가 늘 화날 준비가 돼 있는 것처럼 가을 아이는 늘 상처받을 준비가 되어 있습니다. 섬세하고 예민한 가을 아이의 내면에는 두려움과 슬픔이 쉽게 차오릅니다. 만약 부모님도 가을 기질이 강하다면 상승 작용을 일으킬 수 있습니다. 감당하기 어려운 상황이 되면 아무것도 하지 않고 책만 읽으려 하거나 부정적인 생각에 빠져 식사도 잘 못할 수 있습니다. 가을 아이에게는 어릴 적부터 운동을 꾸준히 시키라고 권하고 싶습니다. 규칙적으로 운동을 하는 습관이 이 아이들에게 균형을 가져다줄 것입니다.

어린 시절에 저는 전형적인 가을 아이였습니다. 그때도 키가 커서 담임선생님의 권유로 태권도부에 들어갔고, 중학교 때는 합기도를 했습니다. 고등학교 때는 농구에 빠져 있었고요. 고3이 되어 1년간 운동을 하지 않고 공부만 했더니 바로 부작용이 나타났습니다. 균형이 깨져 사람이 너무 관념적으로 변하더군요. 봄 기질과 여름 기질 아이에게 차분하게 책을 읽고 생각을 하는 시간이 필요한 만큼 가을 기질과 겨울 기질 아이에게는 몸을 움직이는 시간이 반드시 필요합니다.

겨울 기질 아이를 대하는 법

끝으로 겨울 기질입니다. 겨울 기질은 어떻게 이해해야 할까요? 저는 한겨울 들판 위의 오두막집을 한 채 떠올립니다. 세상은 눈에 덮여 적막한데 오두막집에서는 은은한 불빛이 새어나오고 연기가 피어오릅니다. 집 안에는 먹을 것도 넉넉히 있고 난롯가에는 장작이 가득 쌓여 있겠지요. 집 안은 아늑하고 편안합니다. 눈보라가 치고 얼음이 꽁꽁 언다 해도 오두막 주인은 관심이 없을 것입니다. 소파에 앉아서 군고구마를 먹거나 귤을 까 먹고 배가 부르면 포근한 이불 속에 들어가 만화책을 보다가 졸리면 기분 좋게 잠에 빠져들겠지요. 제가 아주 선망하는 기질이기도 한데요, 저는 이렇게 살 수 없다는 걸 알기 때문에 부럽기만 합니다. 다음 생에 태어나면 꼭 겨울 기질로 태어나고 싶은데, 그럴 수 있을지 모르겠습니다.

겨울 기질은 여러모로 여름 기질과 대비됩니다. 힘이 넘친다기보다 늘 힘을 비축하려는 듯 움직임이 적고, 자기주장이 강하지 않습니다. 무얼 하고 싶냐고 물으면 잘 모르겠다는 답이 돌아올 것입니다. 다른 사람과 부딪치고 싶지 않아서 양보를 잘하는 편입니다. 대체로 친절하고 상냥하며 부끄러움이 많습니다. 사람 많은 곳에 있는 걸 싫어하는데, 사실 남에게 별 관심이 없습니다. 집에 일찍 돌아와 혼자 있는 걸 더 좋아하지요. 그렇다고 가을 기질처럼 생각이 많거나 심각하지는 않습니다. 오히려 봄 기질처럼 별다른 불만 없이 즐겁게 지내지만 관심이 밖을 향하지 않습니다.

이 기질의 관심사는 바깥보다 내부를 향하며 내적 만족을 지향합니다. 그래서 가장 좋아하는 세 가지가 잠과 식사 그리고 휴식입니다. 제 시간에 잠을 자는 것이 중요하고 아침에는 늘 더 자고 싶어 합니다. 잠자는 시간이 늦어지면 화를 낼지도 모릅니다. 맛있는 음식이 있으면 천천히 음미하며 먹습니다. 다 먹고 나서는 더 없는지 궁금해할 겁니다. 또 누구의 방해도 받지 않고 편하게 쉬는 걸 무척 좋아합니다.

누군가 일을 빨리 해 내라고 재촉한다면 겨울 기질은 마음이 매우 불편해질 것입니다. 그렇다고 서둘러 무얼 하지는 못합니다. 꼭 해야 하는 일이라면 천천히 느긋하게 하고 싶어 합니다. 자기 속도에 맞춰 여유 있게 진행되길 원합니다. 할 수 있다면 미루는 것도 좋고요. 그래서 게으르다, 답답하다, 주변 일에 무관심하다는 평가를 받기도 합니다. 적극적이지 않기 때문에 친구도 썩 잘 사귀는 편은 아닙니다. 하지만 겨울 기질은 둥글둥글 무난하며 유머와 여유가 있습니다. 순발력이 있지는 않지만 맡은 일은 묵묵히 해 내고, 갈등을 일으키는 걸 좋아하지 않습니다. 그래서 조직에 겨울 기질이 많으면 분위기가 따뜻하고 안정적입니다.

겨울 기질 아이는 다른 기질에 비해 키우기가 어렵지 않습니다. 봄 기질처럼 산만하지 않고, 여름 기질처럼 화를 잘 내지 않으며, 가을 기질처럼 예민하지도 않습니다. 겨울 아이는 별 말썽 없이 지내는 편입니다. 다만 걱정은 과자나 빵을 너무 좋아하고 소파에 앉아 잘 움직이지 않으려고 하는 것입니다. 이런 성향의 어린아이는 무얼 많이 요구하지 않아서 순하다는 평을 주로 듣습니다. 먹을 것만 잘 챙겨 주면 혼자 놀다가 간식을 먹고 조용히 낮잠을 자니까요. 하지만 그냥 내버려 두기보다 아이에게 관심을 갖고 잘 놀아 주어야 합니다. 그렇지 않으면 가뜩이나 드리미dreamy한 겨울 아이는 더 잠들어 버릴지도 모릅니다. 그냥 내버려 두면 반응이 더 느려지고 수동적이 될 수 있으니 되도록 적극적으로 아이와 놀아 주고 손발을 깨울 수 있도록 자극해야 합니다. 지금보다 더 많이 걷게 하고, 새로운 일들을 시도해 볼 수 있도록 격려해야 합니다.

학교에 입학하면 부모님의 걱정이 늘어납니다. 학습에서 어려움이 생길 수 있기 때문입니다. 겨울 아이는 흥미를 끌기도 어렵지만 집중력도 그리 강하지 않아 수업을 잘 따라오지 못합니다. 특히 우리나라는 학습량도 너무 많고 진도도 빨리 나가는 편이라 겨울 아이에게 그다지 호의적이지 않습니다. 아이가 할 수 있는 만큼의 분량을 주고, 막연히 기다리기보다 일단 시작하도록 북돋아 주어야 합니다. 봄 아이처럼 겨울 아이도 성취감을 경험하는 것이 중요합니다. 교실에서 겨울 아이는 수업 중에 멍하니 공상을 할 때가 많습니다. 활동에 열심히 참여하기보다는 가만히 지켜보는 걸 좋아하고요. 질문을 해도 답이 나오기까지 시간이 오래 걸립니다. 새로운 활동보다는 익숙한 활동을 계속하고자 합니다. 그렇다고 아무 생각이 없는 것은 아닙니다. 겨울 아이는 부심한 듯하지만 교실에서 돌아가는 일들을 다 알고 있으며 이따금 촌철살인 같은 말을 날리곤 합니다. '나도 알고 있다고……' 겨울 아이가 속으로 자주 하는 생각입니다. 입 밖으로 옮기지는 않지만요.

성미 급한 부모에게 겨울 아이는 커다란 도전입니다. 쉬는 날 집에서 아무것도 하지 않으려는 아이에게 공부를 시키기란 불가능에 가까워 보입니다. 만약 부모님이 뭘 좀 하라고 다그치기라도 한다면 아이는 '아무것도 안 할 거야'라고 고집을 부릴 수 있습니다. 겨울 아이가 저항하는 방식은 거부하고 말을 하지 않는 것입니다. 이런 겨울 아이를 위해서는 적당량을 먹게 하고 뒹굴거리기보다 산책이나 가벼운 운동을 하게끔 하는 것이 좋습니다. 움직이는 걸 좋아하지 않기 때문에 갑작스럽게 요구하기보다 습관화되도록 부모님이 도와주셔야 합니다. 일어나는 시간도 규칙을 정하여 제 시간에 일어나도록 해야 하며, 일어나서는 아이와 아침 준비를 함께하거나 재미있는 놀이를 하여 의식을 깨워 줄 필요가 있습니다. 유치원이나 학교에는 차로 데려다

주기보다 되도록 걸어가는 것이 좋겠죠. 겨울 아이도 가을 아이처럼 손발을 많이 쓸 수 있도록 도와줘야 합니다.

겨울 아이는 평화를 사랑하지만 이따금 화가 폭발하여 폭력적인 행동을 할 때가 있습니다. 이것은 여름 아이와 완전히 다른 양상으로, 참고 참다가 터진 것입니다. 친구나 형제가 놀려도 겨울 아이는 웬만하면 참고 넘어갑니다. 짓궂은 동생에게 재빨리 대응하기도 어렵고 무엇보다 매번 대꾸하기가 귀찮기 때문입니다. 하지만 모욕적인 말과 행동에 아무 영향을 안 받는 건 아니어서 임계점이 넘으면 평소와는 다른 모습이 됩니다. 이때 혼을 내거나 서둘러 화해를 유도하는 건 좋은 방법이 아닙니다. 일단 아이를 안정시키는 게 중요합니다. 아주 오랜 시간 쌓여 온 분노이기 때문에 풀어지는 데도 오랜 시간이 필요합니다. 따라서 아이가 그 일에 대해 깊이 생각해 볼 시간을 주는 방식으로 대화를 하는 것이 좋습니다. 마음이 풀리면 아이는 언제 그랬냐는 듯이 다시 친절하고 편안한 모습으로 돌아갈 것입니다.

미숙한 기질에서 성숙한 기질로

되어 가는 존재로서 사람은 기질과 관련해 어떤 의미가 있을까요? 개별적으로 아이들은 저마다 다른 기질이지만 보편적으로 모든 어린이는 봄 기질을 갖고 있습니다. 인생의 봄이니 그럴 수밖에요. 그래서 가을이나 겨울 기질 아이도 놀이가 시작되면 봄 기질 아이처럼 활기차게 뛰어놉니다. 청년이 되면 여름 기질이 나오겠지요. '내 뜻대로 세상을 바꾸고 싶다'는 열망이 차오르는 것은 청년 세대의 자연스러운 모습이라고 할 수 있습니다. 중년이 되면 대부분 가을 기질이 나오고, 노년이 되면 겨울 기질이 강해집니다.

우리가 평생 어린 시절의 봄 기질을 유지할 수 있다면 어떨까요? 그러면 우리는 나이가 들어도 창조적인 정신을 잃지 않을 수 있습니다. 만물의 변화에 생생한 기쁨을 느끼고 세상 모든 일에 깨어 있는 시인이나 화가가 될 수 있을 것입니다. 만약 우리가 청년기의 여름 기질을 유지한다면 평생 청년과 같은 삶을 살 수 있을 것입니다. 정치인 가운데 그런 사람이 꽤 많지요. 나폴레옹이나 칭기즈칸 같은 사람은 평생을 청년처럼 살았을 것입니다. 되어 가는 과정 속에서 네 가지 기질은 특정 시기에 특정 기질이 도드라지면서도 하나로 섞입니다. 어른이 되었다 해서 자기 기질을 마음대로 바꿀 수는 없겠지만 자기에게 부족한 기질을 계발하는 것은 가능합니다. 그러면 상황에 따라 필요한 기질을 특별하게 발휘할 수 있습니다. 네 가지 기질이 조화롭게 계발된다면 우리는 진정으로 자유로워질 수 있습니다.

기질로부터 자유로워지는 것은 어른의 과제입니다. 아이의 경우 자기 기질에 사로잡혀서 부모의 요구대로 행동하기가 무척 어렵습니다. 발도르프 학교에서는 아이들을 '기질의 포로'라고 말하기도 합니다. 예를 들어, 봄 기질 아이도 차분하게 앉아서 선생님의 말씀에 귀를 기울이고 칭찬을 듣고 싶습니다. 그런데 그러기가 너무 힘듭니다. "선생님, 저도 가만히 있고 싶어요. 근데 그렇게 안 돼요." 이렇게 말하는 봄 아이들을 많이 만납니다. 어른이 아이의 기질적 특성을 이해하지 못한다면 아이는 날마다 혼이 나겠지요. 아이들은 저마다 고유한 색깔을 존중받으며 자기답게 자랄 권리가 있습니다. 다만 균형을 잃지 않고 기질적 장점을 발휘하며 성장할 수 있도록 도움을 받아야 합니다.

기질과 관련해 부모인 우리에게 주어진 첫 번째 과제는 자신의 기질을 파악하는 것입니다. 아이의 기질을 파악하기 이전에 본인의 기질을 분명하게 이해하는 작업이 중요합니다. 부모로서 우리가 어떤 기질이냐에 따라서 아이가 받게 되는 영향은 생각 이상으로 큽니다. 그날 그날 기분에 따라 원칙과 규칙이 제멋대로 달라지지는 않는지(봄 기질), 아이가 약속을 지키지 않고 징징댈 때 분노가 폭발하지 않는지(여름 기질), 불안과 걱정이 많고 부모로서 자격이 없다며 자주 자책하지는 않는지(가을 기질), 아이의 변화에 민감하지 않아 불평을 듣지만 노력하는 것이 어렵지는 않은지(겨울 기질) 돌아볼 필요가 있습니다. 이러한 양상은 기질적으로 미숙한 모습에 해당합니다.

첫 번째 과제가 자기 인식이라면 두 번째 과제는 자기 성숙 또는 해방입니다. 특별히 단점이 많고 장점이 없는 기질은 없습니다. 빛이 있으면 그림자가 있듯 모든 기질에는 장점과 함께 단점이 따라다닐 뿐입니다. 그러나 미숙한 기질 상태에서는 자기 인식도 잘 안 되기 때문에 단점을 극복하기 어렵습니다. 공통적으로 자기중심성에서 벗어나지 못하는 상태입니다. 그러면 아이와 갈등이 생겼을 때 부모로서 책임감 있는 모습을 보여 주기가 어렵지요. 잘못의 원인을 무조건 아이에게서 찾고 아이를 나무라는 것입니다. 그럴수록 아이는 부모의 권위를 인정하기 어려워지고 저항을 합니다.

생긴 대로 사는 게 편하긴 하지만 아이를 키우는 입장에서 우리는 아이를 위해서라도 성숙한 기질이 되기 위해 노력할 필요가 있습니다. 성숙한 봄 기질 부모는 쾌활하고 명랑한 성격은 그대로이면서 좀 더 차분하고 절제된 태도를 갖습니다. 즉흥적으로 일을 벌이고 싶은 충동을 자제하고 아이와 세운 규칙을 지키려고 애씁니다. 성숙한 여름 기질 부모는 잘못이 자기에게 있을 수 있다는 사실을 잊지 않습니다. 모든 일이 자기 뜻대로 이루어지도록 주도하기보다 아이가 스스로 해 낼수 있도록 도움을 주고 기다려 줍니다. 성숙한 가을 기질 부모는 더 이상 부정적인 생각에 매몰되지 않습니다. 아이에게 깊은 관심을 갖되 집착하지 않고 가볍게 마음을 내어 행동합니다. 성숙한 겨울 기질 부모는 자신의 안락함에서 벗어나 아이의 필요를 민감하게 느낍니다. 덕분에 아이는 부모님과 함께 있을 때 긴장이 풀리고 여유 있게 자기 삶을 추구할 수 있습니다.

아이에게 자기정체성을 찾아 나가는 과정이 소중한 일이듯 부모로서 우리도 내가 누구이고 어떤 장점과 단점이 있으며 또 어떻게 해야 성숙한 사람이 될 수 있는지를 배우고 실천하는 일은 굉장히 중요합니다. 아이는 그러한 부모를 보면서 성장하니까요. 이처럼 기질은 되어 가는 과정에서 모르면 안 될 우리의 모습입니다. 기질적으로 성숙해지고, 궁극적으로 네 가지 기질을 조화롭게 계발해 가는 부모는 언제나 아이들의 모범이 됩니다.

아이의 행복한 발달을 위한 12감각 이야기

머리부터 발끝까지
나는 하느님의 모습입니다.
가슴에서 손끝까지
나는 하느님의 숨결을 느낍니다.
입을 열어 말할 때
나는 하느님의 뜻에 따릅니다.
내가 만일 어디에서나,
어머니 아버지에게서
사랑하는 모든 이에게서
동물과 꽃에서
나무와 돌에서
하느님을 본다면
나를 두렵게 하는 것은 없습니다.
오로지 내 주위 모든 것을 향한
사랑뿐입니다.

— 루돌프 슈타이너

행복은 건강한 감각 발달을 통해 온다

우리에게 몸이 있다는 것은 참 즐거운 일입니다. 두 팔과 가슴이 있기에 아이를 안아 줄 수 있고, 다리가 있기에 가고 싶은 곳에 갈 수 있습니다. 코가 있기에 향긋한 차 향기를 맡을 수 있으며, 입이 있으므로 맛있는 음식을 먹을 수 있습니다. 눈이 있어 탁 트인 바다를 볼 수 있고, 귀가 있어 파도치는 소리와 갈매기 우는 소리를 들을 수 있습니다. 사실 우리 몸은 온통 감각기관입니다. 우리가 추구하는 행복은 감각적 경험의 기쁨과 함께합니다. 당장 음식 맛을 느낄 수 없다면 먹는 행위는 고역에 가깝습니다. 코가 막혀 아무 냄새도 맡지 못할 때 세상이 얼마나 무미건조한지 아실 것입니다.

발도르프 교육에서는 기존에 잘 알려진 시각, 청각, 후각, 미각, 촉각뿐 아니라 통증과 불쾌감을 느끼는

상위감각(인지감각)

언어감각 ⑩ 사고감각 ⑪ 자아감각 ⑫

청각 ⑨

열각 ⑧

시각 ⑦

후각 ①

생명감각 ②

운동감각 ③

균형감각 ④

후각 ⑤

미각 ⑥

중위감각

하위감각(의지감각)

생명감각, 뜨거움과 차가움을 구별하는 온각, 자유롭고 안정된 움직임을 가능케 하는 운동감각과 균형감각 그리고 사회적 관계를 형성할 수 있게 하는 언어감각, 사고감각, 자아감각에 대해서도 이야기합니다. 그리고 이 열두 가지 감각을 크게 하위감각, 중위감각, 상위감각으로 구분합니다.

우리가 누군가와 대화를 하고 생각을 나눌 수 있는 것은 우선 발성기관과 함께 청각이 있기 때문입니다. 상대방의 언어를 이해할 수 있는 언어감각과 상대방의 생각이 무엇인지를 알아낼 수 있는 사고감각이 있기 때문이기도 하고요. 대화를 하다 보면 상대방이 어떤 사람인지 어렴풋이 혹은 분명하게 느껴지기도 합니다. 상대방의 자아를 파악할 수 있는 이 능력은 자아감각에서 옵니다. 이러한 감각들을 상위감각 또는 인지감각이라고 부릅니다.

인지감각은 사회적 관계 속에서만 형성됩니다. 부모로서 우리가 보여 주는 삶의 태도, 표정, 목소리, 어휘, 사고방식 등이 아이의 인지감각에 영향을 끼친다는 사실을 유념할 필요가 있습니다. 특히 아이의 자아감각은 가까운 어른이 얼마나 진실하고 인격적인가에 따라 많은 영향을 받습니다. 그렇기 때문에 우리는 책임감을 가지고 자기 교육을 해야 합니다. 우리 자신의 인지감각에 깨어 있어야 하고, 아이들이 인지감각을 잘 형성할 수 있도록 올바른 표현에 신경을 써야 합니다.

아이들은 인지감각이 있기에 학교에 가서 공부를 하고 친구와 어울려 놀 수 있습니다. 학교에 가면 아이는 온종일 선생님과 친구들의 이야기를 들어야 합니다. 귀를 기울이고 의미를 파악하는 모든 과정에 청각과 언어감각, 사고감각, 자아감각이 사용됩니다. 이러한 인지감각이 발달하면서 아이는 자신의 세계관과 정체성을 형성합니다. 따라서 어린 시절에는 어른들이 아이 앞에서 어떤 모범을 보이느냐가 중요하지만, 아이가 어느 정도 커서 사춘기가 되면 또래관계가 아이의 세계관과 정체성 형성에 절대적 영향을 끼칩니다.

인지감각은 하위감각을 바탕으로 발달합니다. 특히 초등학교 저학년 시기까지 신체적인 하위감각이 얼마나 건강하게 발달하느냐에 따라 인지감각의 능력에 큰 차이가 생깁니다. 의지감각이기도 한 하위감각의 발달은 초기 육아와 관련이 깊습니다. 영유아기에 어떤 감각 경험을 했는지에 달려 있다고 해도 과언이 아닙니다. 물론 정서감각이라고 불리는 중위감각도 중요한 역할을 합니다. 감각적인 어려움이 있는 아이의 경우 회복을 위해서는 발달 초기로 돌아가 필요한 감각 경험을 다시 해야 하므로 전체적인 감각 발달을 이해할 필요가 있습니다.

영유아기에는 무엇보다 스킨십과 안정된 생활리

듬, 자유로운 놀이 활동을 충분히 경험하는 것이 필요합니다. 우리 몸을 집에 비유한다면, 하위감각의 발달은 집을 튼튼히 짓는 과정과 같습니다. 집을 지을 때 지붕 먼저 세우는 경우는 없겠지요. 바닥을 탄탄하게 다지고 기둥을 세운 다음 벽을 올립니다. 인테리어를 하고 멋진 미술품을 걸어 두는 것은 나중에 할 일입니다. 하위감각의 발달은 아이의 삶에서 가장 중요한 기초공사에 해당합니다.*

---

* 다음 장부터 설명하는 12감각에 대한 내용은 독일의 발도르프 교육자 볼프강 아우어의 강연과 알베르트 수스만의 『12감각』을 중요 참고자료로 삼았습니다.

촉각과 생명감각 발달 돕기

우리 몸 전체의 피부를 통해 우리는 촉각 경험을 합니다. 아기는 엄마 뱃속에 있을 때부터 촉각적인 경험을 합니다. 무럭무럭 자라난 태아가 뱃속에 있을 때 엄마의 자궁은 꼬옥 안아 주는 듯한 느낌을 줍니다. 아기에게는 엄마의 자궁이 집인 셈이지요. 아기는 이런 촉각적 구속 상태를 편안하게 여깁니다. 이제 막 태어난 아기는 그처럼 편안했던 상태에서 떨어져 나왔기 때문에 불안해집니다. 엄마와 하나처럼 느꼈던 일체감을 잃고 울음을 터뜨리는 아기에게 우리가 전통적으로 해 주었던 일이 있지요. 바로 배냇저고리로 꽁꽁 싸매는 것입니다. 그러면 아기는 다시 안정감을 느낍니다.

촉각의 발달에는 저항과 한계가 필요합니다. 요 근래에는 아기를 낳자마자 팔다리를 마음대로 움직이게 두는 경우가 늘었다고 합니다. 배냇저고리도 느슨하게 입히고 아기를 침대에 따로 재운다면 별다른 저항과 한계의 경험을 제공하지 않는 것입니다. 어린이집에 가 보면 자꾸 구석 또는 벽에 머리를 대고 있는 아이들이 있습니다. 떼어 놓아도 잠깐 뒤에 다시 벽에 머리를 붙이고 있습니다. 이것은 아이 스스로 저항과 한계를 경험하고 싶어 하기 때문입니다. 마찬가지 이유로 아이들은 대부분 비좁은 데에 끼어 있거나 좁은 틈을 기어서 빠져나가는 놀이를 무척 좋아합니다. 시루떡처럼 다른 아이의 등 위에 차곡차곡 쌓아 올라가는 것도 좋아하고요. 어린아이들이 날마다 안아 달라고 떼를 쓰는 것도 사실 같은 이유입니다.

촉각이 잘 발달된 아이는 안전하고 튼튼한 집을 가진 것과 같습니다. 엄마의 자궁이라는 집을 떠나 이제 자기 몸이 '내가 살아가야 할 집'이 되지요. 어린 시절 스킨십을 충분히 경험하고 놀이를 통해 손발뿐 아니라 온몸의 촉각이 잘 발달된 아이는 '아, 나는 내 집에 잘 들어 있구나' 하는 확신을 갖게 됩니다. 이것은 인간이 가져야 할 원초적인 신뢰감입니다. 촉각 발달에 어려움이 있다면 신뢰감 대신 원초적인 두려움이 생깁니다. 그런 경우 오히려 촉각적 경험을 꺼릴 수도 있지요. 접촉에 대한 불안과 걱정은 종종 피부 질환으로 이어지기도 하고, 관계에서의 어려움으로 발전하기도 합니다. 이런 두려움을 치유하려면 조심스럽게 촉각을 다시 일깨우고 발달시켜 주어야 합니다.

아이는 촉각 경험을 통해 주양육자와 애착관계를 형성합니다. '물고 빨고'의 시간이 쌓이면서 아이는 양육자로서 부모를 든든한 울타리로 신뢰할 수 있게 됩니다. 발달 초기에 아이와 안정적인 애착관계를 맺기 위해 부모에게 요구되는 자질은 민감성입니다. 아이가 기저귀에 대소변을 누고 울음을 터뜨렸을 때 재빨리 갈아 주고 안아 준다면 아이는 만족감과 함께 신뢰감을 갖습니다. 하지만 아무리 울어도 기저귀를 갈아 주지 않는다면 불신감이 생기겠지요. 그런 경우 아이는 촉각 발달에도 어려움을 갖게 됩니다. 양육자가 우울감에 시달리거나 분노와 같은 감정을 잘 조절하지 못하면 의도치 않게 민감성이 떨어지기 때문에 상담 치료가 필요할 수 있습니다. 아이에게 필요한 촉각 경험이란 단순히 피부 접촉만이 아닙니다. 여기에는 부모님의 편안한 마음과 다정한 미소, 사랑스러운 눈빛이 모두 포함됩니다.

두 번째로 기초적인 감각은 생명감각입니다. 이 말을 처음 들어 보신 분도 계실 텐데요, 이것은 슈타이너가 처음 제시한 개념으로 실제로는 우리 삶과 매우 밀접한 감각입니다. 건강한 촉각 발달이 우리에게 '내 집에 잘 들어 있다'는 확신을 준다면, 생명감각은 '이 집에서 만족스럽다'는 기분을 느끼게 해 줍니다. 그래서 생명감각을 안녕감각이라고 부르기도 합니다. 지금 목이 마른지, 배가 고픈지, 졸리지는 않은지, 몸 어디가 불편하지 않은지를 생명감각은 끊임없이 우리에게 알려 줍니다. 촉각처럼 온몸에 퍼져 있는 생명감각 덕분에 우리는 쾌적한 생활을 할 수 있습니다.

살아 있는 모든 것이 리듬을 갖는 것처럼 우리 몸도 고유의 생체리듬을 갖고 있습니다. 그런데 이제 막 태어난 아기의 생체리듬은 불안정한 상태일 수밖에 없습니다. 갓 태어난 아기는 생명감각이 안정적으로 자리 잡지 못했기 때문에 잘 웃고 놀다가도 금세 울음을 터트립니다. 대체로 잠자는 시간이 규칙적이지 못하고, 처음에는 젖을 먹는 것도 불규칙합니다. 보통 100일쯤 지나야 안정된 리듬이 형성됩니다. 엄마 뱃속에 있는 기간인 9개월과 이 100일을 합치면 대략 1년이 되는데,

잘 관찰해 보면 1년마다 신체 리듬에 질적인 변화가 온다는 사실을 알 수 있습니다. 어린 시절 아이에게 규칙적인 생활리듬이 얼마나 중요한지는 굳이 강조하지 않아도 잘 아실 것입니다.

문제는 오늘날 사회적으로 안정된 생활리듬을 유지하기가 대단히 어렵다는 데에 있습니다. 부모님들부터 규칙적인 생활을 하는 경우가 많지 않습니다. 과거 농경사회와 달리 현대사회는 노동 강도가 세고 업무 형태가 불규칙합니다. 퇴근을 하고 집에 오더라도 노트북과 스마트폰을 끄기가 어렵습니다. 각종 스트레스와 중압감으로 생각보다 많은 분이 불면증에 시달립니다. 이것은 고스란히 아이들에게 영향을 끼쳐서 생명감각의 발달에 어려움을 줍니다. 생명감각에 어려움이 있는 아이들은 공통적으로 안절부절못하고 불안한 모습을 보입니다. 정신이 없고 산만해서 움직임에 리듬감이 없지요. 신생아 때부터 스마트폰에 중독된 아이가 늘어나는 현실을 생각하면 한시도 가만있지 못하는 아이가 그렇게 많은 것은 어쩔 수 없는 일이 아닌가, 하는 생각마저 하게 됩니다.

생명감각이 건강하게 발달한 아이를 보면 잘 기다

린다는 특징이 있습니다. 이야기를 들려줘도 집중해서 잘 듣고, 자기 몸이 어디가 불편한지도 잘 알아차립니다. 어린아이는 대부분 배가 고프거나 졸릴 때 불안한 모습을 보입니다. 그래서 아이가 힘들어할 때는 먼저 무얼 먹여 보고, 그래도 소용이 없으면 눕혀서 재워 봅니다. 그러면 대체로 해결이 됩니다. 그렇게 했는데도 아이가 힘들어한다면 어디가 정말로 아픈 것입니다. 생명감각에 어려움이 있는 아이는 딱히 아픈 곳도 없는데 계속 불편해할 수 있습니다. 보통 생명감각은 촉각과 함께 가는 것이어서 둘 중 어느 한쪽에만 문제가 있는 아이는 드뭅니다. 초기 육아에 정말 공을 들여야 하는 이유가 여기에 있습니다. 어린 시절에 촉각과 생명감각이 잘 발달한 아이는 자랄수록 손이 덜 가고 힘도 덜 들지만, 반대의 경우에는 엄청난 에너지와 시간을 들여도 회복하기가 참 어렵기 때문입니다. 이 어려움은 사춘기 시기뿐 아니라 성인기에도 영향을 줍니다.

운동감각과 균형감각 발달 돕기

어린아이에게 필요한 것 세 가지를 들라고 하면 저는 앞서 말한 스킨십과 규칙적인 생활 그리고 놀이를 꼽습니다. 실제로 아이들은 사랑받길 원하고 안정된 생활에서 지내길 원합니다. 아이에게 사랑받는 느낌을 충분히 주려면 그저 관심을 기울여 주는 것만으로는 부족합니다. 어른도 연애를 할 때 그냥 눈으로 보는 것만으로는 부족하지요. 손이라도 잡고 싶고, 정말 사랑한다면 포옹을 하고 싶어집니다. 아이 역시 촉각적 경험이 함께할 때 정말로 사랑받는다는 느낌을 받습니다. 촉각적 욕구와 비교해서 안정된 생활리듬에 대한 욕구는 그 필요성에 비해 분명하게 표현되지 않는 것처럼 보입니다. 하지만 아이들이 비언어적으로 불만과 불편을 표출하는 것은 대부분 생명감각이 만족스럽지 않을 때입니다.

우리 어른과 아이들의 큰 차이라면 아이들은 늘 기운이 넘치고 움직이고 싶어 한다는 것입니다. 지치지도 않고 계속해서 놀고 싶어 하는 게 아이들입니다. 온종일 놀고도 잠자리에 들 시간이 되면 더 놀지 못해서 슬퍼하지요. 우리는 거우 휴식을 취할 수 있는 시간인데 말입니다. 맘껏 뛰어놀 때 아이들은 정말 행복합니다. 그리고 이때 아이들의 운동감각이 발달합니다. 운동감각은 무의식적으로, 잠자는 의식 상태에서 작동합니다. 우리 몸은 명령하지 않아도 마음이 가는 대로 움직입니다. 걸어다니면서 발과 다리에게 보폭을 잘 맞추어서 걸으라고 명령을 내리는 사람은 없을 것입니다. 깁스를 하게 되면 좀 더 의식적으로 움직일 수밖에 없을 테지만요.

신생아 시기에는 아직 움직임이 자유롭지 않습니다. 아기가 장난감을 집었을 때 놓아야 하는데도 놓지 못하는 경우를 봅니다. 아직 손에서 놓는 것을 배우지 못해서 그렇습니다. 한 손에서 다른 손으로 물건을 옮기는 동작을 배우는 데에도 시간이 꽤 걸립니다. 그렇게 천천히 운동감각이 발달해 갑니다. 아기를 관찰해 보면, 먼저 고개를 가누고 그 다음에 손으로 눈에 보이는 것을 움켜쥡니다. 뒤집기와 배밀이를 한참 한 뒤에야 자기에게 다리가 있는 것을 발견합니다. 그런 다음에는 자꾸 일어서려고 합니다. 어른과 달리 아이에게는 엄청난 의지력이 있어서 아무리 실패해도 지치지 않고 시도에 시도를 거듭하지요. 그래서 성공했을 때의 성취감도 대단합니다. 이때 부모님이 아이의 작은 성공 하나하나를 기뻐하고 칭찬해 주는 것은 아이의 운동감각 발달에 굉장히 큰 도움이 됩니다.

또한 어린아이는 모방하는 존재입니다. 주변의 모든 움직임을 따라 합니다. 다른 친구가 줄넘기를 뛰거나 먼저 놀이를 시작하면 가만히 있지 못하고 그걸 보면서 몸으로 따라 하지요. 또 두 손을 바지 호주머니에 넣고 걷느라고 자꾸 넘어지는 아이가 있어서 부모 상담을 요청했더니, 아빠가 차에서 내려 걸어오면서 두 손을 계속 바지 호주머니에 넣고 있더라는 유명한 일화도 있지요. 아이는 부모의 걸음걸이, 제스처, 특징적인 몸동작을 모두 흉내 냅니다. 제 딸아이는 웃기는 표정을 지을 때마다 눈을 위로 흘기곤 해서 애가 왜 이러나 했는데, 아내가 저를 따라 하는 것이라고 이야기해 줘 크게 반성한 적이 있습니다. 아이는 제 장난스러운 표정을 유심히 관찰하고 다 따라 하는 것이었습니다.

아장아장 걷는 아이는 운동감각과 함께 균형감각이 그만큼 발달했기 때문에 넘어지지 않는 것입니다. 물론 수도 없이 넘어졌기 때문에 두 발로 일어나 걸을 수 있었겠지요. 하지만 이 시기의 아이가 장난감을 땅에 떨어트린다면 아직 허리를 숙여 장난감을 집지 못합니다. 털썩 주저앉아 집을 수밖에 없는데, 아직 균형감각이 충분히 발달하지 않았기 때문입니다. 균형감각은 매우 섬세한 감각입니다. 중심을 잡는다는 것은 아이들에게 만만치 않은 과제인 동시에 재미있게도 아이들이 무척 좋아하는 놀이입니다. 아슬아슬하게 균형을 잡는 놀이는 조금 큰 아이들에게 언제나 인기지요. 영아반에서 유아반으로 올라온 아이들이 친구들과 어울려 몸으로 놀 수 있는 것도 각자 무게중심을 잡고 평온한 상태를 유지할 수 있기 때문입니다. 아이들이 노는 모습을 지켜보면, 균형감각이 건강하게 발달하지 못한 아이일수록 놀이에 잘 끼지 못하고 관계 맺기를 어려워한다는 것을 알 수 있습니다. 이러한 모습은 초등학교 이후에도 마찬가지입니다.

태어나서 몇 주일이 지나면 아이는 고개를 가누고, 좀 더 시간이 지나면 앉으려고 합니다. 이 역시 균형감각이 발달하는 과정입니다. 균형감각은 우리가 중력을 이기는 것을 도와줍니다. 결정적인 순간은 바로 배밀이를 하며 기어 다니기 직전입니다. 이때 아이는 두 손을 땅에 짚고 네 발로 서려는 것처럼 무게중심을 찾아 앞뒤로 왔다 갔다 뒤뚱거립니다. 이때 기초적인 균형감각이 자리 잡힙니다. 이렇게 중심점을 찾게 되면 아이는 곧 일어설 수 있고, 그런 다음 두 손이 자유로워집니다. 이러한 흐름은 나중에 손과 발을 협응할 수 있는 능력으로까지 발달합니다.

어린아이는 자기 몸을 자유롭게 움직일 수 있다는 사실에 자부심을 느낍니다. 평균대 위를 걷거나 긴 줄넘기를 뛰어넘고 제기를 차는 동작 등은 운동감각과 함께 균형감각을 발달시키고 집중력을 키워 줍니다. 우리가 무게중심을 잡고 리듬감 있게 움직이려면 고도의 집중력이 필요합니다. 그리고 이런 활동들은 '내가 내 몸을 통제하는 일'입니다. 집중하고 통제하는 힘의 원천은 우리의 자아이며, 균형감각의 발달을 통해 아이는 자기통제력을 맛보게 됩니다. 이런 내용을 알고 나면 어렸을 때 충분히 놀면서 운동감각과 균형감각을 숙련시킨 아이의 자존감이 가만히 앉아서 책만 보거나 스마트폰에 빠져 있는 아이보다 높을 수밖에 없다는 사실을 이해할 수 있습니다.

후각, 미각, 시각, 온각 발달 돕기

하위감각이 우리의 자아를 신체와 잘 결합할 수 있도록 해 준다면, 중위감각인 후각, 미각, 시각, 온각은 우리가 외부세계와 결합하는 매개 역할을 합니다. 아이는 엄마 뱃속에서 세상에 나온 뒤에야 비로소 후각 경험을 하게 됩니다. 갓난아기가 울음을 터뜨리는 것은 원활한 호흡과도 관련됩니다. 처음으로 숨을 쉬며 경험하게 되는 것이 세상의 냄새라는 사실은 아이에게 어떤 환경을 제공해 줄 것이냐 하는 문제와 연결해 볼 때 의미심장합니다. 우리는 힘든 일이 있을 때 어린 시절에 경험한 여러 냄새와 향기를 떠올리며 위로를 받기도 하지요. 아이는 엄마 품에 안겨 엄마의 체취를 맡습니다. 우리가 아기의 살냄새를 향긋하게 느끼는 것처럼 아기도 엄마의 살냄새를 통해 마음이 편안해집니다.

아이는 주변의 물건과 음식에서 나는 냄새를 맡으며 자랍니다. 저는 대학 시절 자취를 할 때 어머니가 해 주시던 된장찌개 냄새가 그렇게 그립더군요. 마음이 고단할 때면 지금도 구수한 된장찌개를 끓입니다. 요즘 아이들은 어떤 냄새에 둘러싸여 자라날까요? 확실히 흙냄새나 풀냄새, 꽃냄새처럼 자연에서 맡을 수 있는 향기보다 인공적인 방향제 향기에서 더 많은 영향을 받을 듯합니다. 하위감각이 우리의 신체적 의지와 관련이 깊다면 중위감각은 환경에 대한 느낌과 관련이 깊습니다. 특히 후각은 우리가 일상에서 분명하게 의식하지는 못하지만 자극에 늘 노출되어 있기 때문에 무의식적으로 좋고 나쁨을 판단하게 됩니다. 따라서 후각은 선악에 대한 판단력의 기초가 되며, 후각의 발달은 한 사람이 도덕적 인격체로 성장하는 데 결정적 영향을 끼칩니다.

미각은 후각보다 적극적인 감각 경험을 합니다. 다가오는 냄새를 거부할 수 없는 코와 달리 입은 불쾌한 맛이 나는 음식을 뱉어 낼 수 있습니다. 비유하자면 코는 주변에서 풍겨 오는 냄새의 이야기를 수동적으로 들어야만 하는 것에 비해 입은 받아들인 음식과 이야기를 주고받을 수 있습니다. 입속의 혀가 맛을 음미하는 것은 외부의 물질을 우리 몸에 받아들이는 첫 번째 과정입니다. 그런데 미각은 우리가 가장 잘못 사용하는 감각이기도 합니다. 사실 미각이란 음식을 섭취하는 과정에서 우리의 건강을 위한 보초병 역할을 해야 합니다. 달고 쓰고 시고 짠 다양한 맛을 느끼며 건강에 좋은 것은 그 맛이 내키지 않아도 삼켜야 하고, 건강에 나쁜 것은 아무리 달고 맛있어도 거부해야 합니다. 미각의 진정한 기능이란 다양한 음식의 다채로운 맛을 섬세하게 느끼는 동시에 그것이 우리의 건강에 좋은지 나쁜지를 판단하는 일입니다. 미각이 제 구실을 하는가는 초기 육아에서 우리가 어떤 미각 경험을 제공해 주느냐에 달려 있습니다.

태아와 신생아의 미각 세포는 어른보다 두세 배쯤 많은 편이라고 하지요. 태어나자마자 아기는 냄새에 의해 쾌감과 불쾌감을 느낄 수 있지만 맛의 차이를 식별하려면 생후 2주일 정도가 지나야 합니다. 아기의 미각을 발달시키려면 신선하고 다양한 재료로 만든 이유식을 먹여야 합니다. 여러 가지 음식을 맛보게 하면서 다양한 맛에 익숙해지게 하는 것이 중요합니다. 아이들은 익숙하게 먹어 온 음식을 맛있다고 느끼는 법이니까요. 가장 중요한 기준으로 삼아야 할 것은 균형 잡힌 식단입니다. 일찍부터 사탕이나 젤리 등 단맛이 강한 군것질거리를 주는 것은 치아 건강에도 좋지 않지만 잘못된 식습관을 만들기 쉽습니다. 건강한 식습관을 갖게 하기가 얼마나 어려운지 잘 알고 있습니다. 저희 아이도 아이스크림과 젤리, 사탕을 무척 좋아하거든요. 자주 사 주지는 않지만 그런 음식을 먹으면 엄청 행복해하지요. 제 생각에는 서너 살까지는 식습관을 엄격하게 관리하고, 이후에는 제한적으로 특별한 날에만 허용하는 게 좋을 것 같습니다. 지나치게 억압하면 부작용이 나오기도 하고, 주변에 유혹이 너무 많아 예외를 두는 게 정신 건강에 도움이 되더군요.

"보기 좋은 떡이 맛도 좋다"는 속담도 맞는 말입니다. 정성스럽게 준비해서 예쁘게 차려진 음식을 보면 군침이 돌아 침샘에서 소화 효소가 흘러나옵니다. 냄새까지 좋으면 더할 나위 없고요. 어린아이들은 선명한 색깔과 예쁜 모양을 좋아합니다. 아이들에게 건강한 미각을 길러 주려면 후각과 시각 요소도 배제할 수 없습니다. 이러한 요소들은 우리의 감정에 긍정적 영향을 줍니다. 색채를 감지하는 시각은 다른 감각들보다 감정에 더 큰 영향을 주지요. 후각과 미각도 어느 정도 우리의 내면을 자극하여 감정을 이끌어 내는 힘이 있지만, 색채에 대한 시각 경험은 더욱 적극적입니다. 색채 중에서도 빨강은 활동적인 느낌을, 노랑은 밝고 명랑한 느낌을, 그리고 파랑은 차분하고 무거운 느낌을 줍니다.

색을 경험할 수 있게 하는 눈은 코와 입에 비해 더 깨어 있는 감각기관입니다. 그래서 우리의 사고 작용에 중요한 역할을 합니다. 무언가를 '본다'는 것은 '안다'는 인식 활동을 의미하기도 합니다. 영어에서도 "I see"는 "I know"의 뜻이기도 하죠. 우리는 눈으로 물체를 인식하면서 동시에 생각을 하기 때문입니다. 물론 앞을 볼 수 없다고 해서 사고할 수 없는 것은 아닙니다. 다만 그런 경우에는 두 눈으로 사물을 인식할 수 있는 사람이 필요합니다. 학습과 관련해서 시각 발달이 중요한 이유는 자연 현상을 정확히 관찰할 수 있어야 하기 때문입니다. 자기가 생각하는 대로 현상을 보는 게 아니라 벌어진 현상을 객관적으로 관찰한 뒤에 이해하는 것은 학습의 기본자세이기도 합니다.

만약 빛이 없었다면 시각이라는 감각은 존재하지 않았을 것입니다. 태양이 있기에 우리는 정교한 눈이라는 시각기관을 가질 수 있었고, 풍부한 감정과 깨어 있는 사고의 존재가 될 수 있었습니다. 온각 역시 태양과 밀접한 관계를 갖습니다. 온각은 열감각이라고도 하며, 우리의 몸 전체에 분포되어 있습니다. 온각은 촉각 못지않게 기초적인 감각이라고 할 수 있습니다. 따뜻함을 느낄 수 없다면 우리가 이렇게 살아서 움직일 수 있을까요? 지구상의 모든 생명은 태양에서 온 빛과 온기에 의해 살아갑니다.

신체적으로 느끼는 온기가 햇볕이나 불의 열기에서 오는 것이라면, 내적으로 느끼는 따뜻함은 건강한 관계에서 옵니다. 사람과 사람 사이의 관심과 사랑, 소속감 등에서 우리는 온기를 느끼고, 냉랭한 무관심에 의해 마음이 얼어붙습니다. 우리가 아이의 온각을 발달시키고 정서적으로 따뜻한 사람이 될 수 있도록 키우는 방법은 아이의 행동에 좀 더 관심을 기울이고 따뜻하게 안아 주는 것입니다. 옷을 따뜻하게 입히는 것도 중요하지만, 가정에서 부모님이 서로 좋은 관계를 유지하고 집안 분위기를 온화하게 만드는 것 역시 대단히 중요한 일입니다. 어린아이를 차갑게 몰아세우거나 내치지 않도록 우리 스스로 가슴속 온기를 잃지 말아야겠지요.

청각과 언어감각 발달 돕기

우리는 다른 사람과의 관계 속에서 내적인 접촉을 합니다. 그리고 상대방과 나 사이에서 무게중심을 잡으려고 노력합니다. 듣는 사람은 내적으로 상대방의 말과 움직임을 따라 하게 되는데, 귀 기울여 무언가를 들을 때 우리는 단순히 청각만 사용하는 것이 아니라 운동감각과 균형감각 같은 의지감각도 함께 사용하는 것입니다.

우리는 아이들 앞에서 품위 있게 말해야 합니다. 아이들은 청각 경험을 통해 자기 목소리를 인간적으로 형성하기 때문입니다. 상대방의 말투가 거칠면 거친 것을, 부드러우면 부드러운 것을 받아들입니다. 이런 사실을 의식해서 그런 것은 아니겠지만 어린아이를 키우는 부모님들을 보면, 부부간에 말할 때와 아이에게 말할 때 말투가 아주 크게 달라집니다. 아이에게 말할 때 자기도 모르게 훨씬 더 상냥하고 나긋하지요. 그렇지 않나요?

아이들은 부모님의 목소리를 많이 듣고 싶어 합니다. 엄마 아빠가 그림책을 읽어 주고 노래를 불러 주면 아이는 신이 납니다. 조금이라도 더 대화를 하고 싶어서 종알종알 이것저것 물어봅니다. 아이의 청각 발달에는 오디오나 스마트폰으로 가수의 노래를 들려주는 것보다 좀 부족하더라도 부모님이 직접 불러 주는 것이 더 좋은 영향을 줍니다. 얼마 전 성우의 목소리가 녹음된 그림책이 있다는 사실을 알고 깜짝 놀란 적이 있습니다. 아이가 책장을 넘기며 버튼을 누르면 문단마다 소리가 나오는 식이었습니다. 이런 책이 스마트폰을 보여 주는 것보다 나은 걸까, 하는 생각이 들기도 했지만 안타깝고 속상했습니다. 아이는 부모님의 육성을 더 듣고 싶어 할 테니까요. 기계음에 익숙해진 아이는 목소리도 기계음을 닮아 갈 수 있습니다.

스위스 태생의 피아니스트 에드윈 피셔는 음악가로서 이런 경고를 한 적이 있습니다. "여러분은 스피커를 통해 전기로 내는 전자음과 사람의 음성 또는 첼로가 내는 직접적인 소리의 차이를 알아야 하며, 아이들이 실제 소리를 들을 수 있도록 가르쳐야 합니다."

일상에서 무심코 사용하는 우리의 언어가 아이들의 인격에 커다란 영향을 끼친다는 사실을 의식할 필요가 있습니다. 그런데 자신의 언어생활을 돌아본다는 것은 대단히 어려운 일입니다. 우리의 언어생활은 아주 어린 시절에 형성된 습관적인 것이기 때문입니다. 의식적으로 노력한다 해도 고치기가 정말 쉽지 않습니다. 그러나 아이를 키우는 입장에서 우리는 오히려 아이들이 쓰는 창의적인 언어에 주의를 기울이면서 우리의 습관적인 언어를 돌아볼 수 있습니다. 우리가 배워 익힌 언어생활은 구시대의 문화를 반영하기 때문입니다.

우리가 배운 언어는 도덕주의적이고 권위적인 데다 심지어는 약자에 대한 혐오가 강하게 배어 있습니다. 의식적으로 살펴보면 여성이나 어린이처럼 사회적 약자에게 죄책감을 심어 주는 방식의 언어가 여전히 힘을 갖고 있다는 사실을 알 수 있습니다. 사실 언어 그 자체는 본래 정신적인 속성을 갖습니다. 슈타이너에 따르면 최초의 인류가 체험한 언어는 우주적인 힘을 지닌 것이었다고 합니다. 위대한 시인들의 아름다운 시를 읽다 보면 이처럼 정신적인 언어의 힘을 느낄 수 있지요. 이기적인 언어 사용에서 벗어나 언어의 예술성을 재발견하는 것은 발도르프 교육의 중요한 목표입니다.

언어감각과 관련해서 제가 더 심각하게 보는 문제는 아이들이 너무 일찍부터 전자기기에 노출되면서 언어맹들 현상이 늘었다는 점입니다. 문맹이라는 게 눈은 보여도 글자를 읽을 수 없는 상태인 것처럼 언어맹은 귀가 들려도 언어를 인식하지 못하는 상태입니다. 언어감각은 청각과는 전혀 다른 감각입니다. 요즘 아이들 중에는 한참 설명을 해 주어도 마치 모르는 외국어를 듣는 양 전혀 집중도 못하고 알아듣지를 못하는 경우가 의외로 많습니다. 저는 이것이 시각적 자극에 치중한 영상물 때문이라고 봅니다.

아이들이 많이 보는 애니메이션은 대부분 자극적인 색깔과 그림, 빠른 연출을 특징으로 합니다. 굳이 귀 기울여 듣지 않아도 되니까 언어감각이 발달할 기회가 주어지지 않습니다. 일찍부터 전자기기의 영상물에 노출된 아이일수록 말을 잘 못 알아들을 뿐 아니라 움직임이 딱딱하고 자연스럽지 못합니다. 언어감각은 내적 움직임의 감각, 다시 말해 운동감각과 관련됩니다. 언어가 갖고 있는 박자와 리듬, 형상을 내적 움직임으로 연결해 받아들일 수 있을 때 언어를 올바로 이해할 수 있습니다. 그래서 많은 언어치료가 운동감각과 언어감각을 연결시키는 작업으로 이루어지는 것입니다.

아이들은 모방하면서 언어를 배웁니다. 두 돌쯤 되면 어느 정도 의사소통을 할 수 있을 만큼 배우는데, 8개월에서 15개월 사이가 언어 모방 능력이 가장 폭발적일 때라고 합니다. 영유아기와 아동기를 거치면서 아이들의 언어감각은 모국어를 중심으로 안정되게 발달합니다. 언어감각에 생명과 영혼을 불어넣는 예술은 이야기와 시, 노래라고 할 수 있습니다. 아이에게 일찍 문자를 가르쳐 주어 책을 읽게 하는 것보다 아주 어릴 적부터 좋은 노래를 들려주어 따라 부르게 하고, 운율이 살아 있는 이야기와 시를 들려주는 것이 좋습니다. 아름다운 율동과 함께한다면 아이의 언어감각은 더욱 섬세하고 풍부해지겠지요.

사고감각과 자아감각 발달 돕기

사고감각은 내가 하는 생각을 알아차리는 감각이 아니라 상대방의 생각을 파악하는 감각입니다. 사고감각을 통해 우리는 언어가 품고 있는 다른 사람의 생각을 이해할 수 있습니다. 언어의 한계를 뛰어넘는 것이죠. 외국 사람과 말이 잘 통하지 않더라도 그 사람의 의도를 파악할 수 있는 것은 사고감각 덕분입니다. 눈치가 빠르고 유머감각이 풍부한 사람은 대체로 사고감각이 잘 발달해 있습니다.

아이는 어른처럼 추상적으로 사고하기보다 그림을 통해 형상적으로 사고합니다. 어린아이가 소꿉장난을 하고 상상놀이를 즐겨 하는 것도 같은 이유입니다. 초등학교 저학년 때까지는 논리적인 사고보다 판타지와 상상을 더욱 친숙하게 여깁니다. 따라서 아이의 사고감각을 길러 주려면 동화와 신화처럼 판타지가 풍부한 이야기를 많이 들려주는 게 좋습니다. 동화와 신화의 세계에 부모가 신뢰감을 가질 때 아이는 이야기를 더 깊이 받아들일 수 있습니다. 더 좋은 방법은 이야기를 직접 지어서 들려주는 것인데, 판타지가 풍부한 이야기를 만드는 일이 쉽지는 않습니다. 수잔 페로 선생님의 『마음에 힘을 주는 치유동화』 같은 책의 도움을 받는 것도 좋겠지요.

어린아이에게 이야기를 들려줄 때뿐 아니라 큰 아이들의 학습을 도와줄 때도 개념을 성격화characterization하는 것이 좋은 방법입니다. 성격화란 사건이나 인물의 특징을 묘사하는 방식으로, 아이가 이야기를 들으며 스스로 개념을 형성할 수 있도록 돕습니다. 발도르프 학교에서는 4학년 때 동물학을 배우는데, 주로 독수리와 사자, 소가 나옵니다. 사자를 다룬다면 교사는 마치 사자가 교실에 들어와 있는 것처럼 실감 나게 묘사합니다. 사자의 생김새와 사자가 사냥하는 모습, 처음으로 사자를 만나 잡아먹힐 뻔했던 탐험가의 일화 등을 자세하게 묘사하면 아이는 사자에 대한 생생한 개념을 스스로 형성합니다.

정의definition 내리는 방식은 성격화와 반대입니다. "사자는 말야, 고양잇과의 맹수로 백수의 왕이라고 불려. 호랑이와 비슷한데, 수컷은 머리에서 목까지 갈기가 있고, 몸길이는 2미터, 꼬리는 90센티미터, 어깨 높이는 1미터가량이야. 주로 밤에 활동하며 사냥은 주로 암컷이 해. 인도 서부와 아프리카 초원 지대 등지에 분포하지." 이런 내용을 판서하고 시험에 나온다고 하는 게 정의 내리는 방식입니다. 아이가 어느 정도 컸다고 하더라도 정의를 내려 무언가를 알려 주는 것은 좋은 방식이 아닙니다. 아이는 몸만 자라는 게 아니라 생각도 자라기 때문입니다. 신체적 발달과 함께 어릴 때 형성한 개념도 발달할 수 있도록 돕는 것이 성격화의 방식입니다. 이런 방식을 통해 아이의 사고감각이 발달해 갑니다.

아이가 집에 와서 학교에서 있었던 일을 말할 때 친구나 선생님에 대해 판단을 내리는 식이 아니라 벌어진 일과 자기감정을 자세하게 묘사할 수 있도록 질문을 던지는 것도 건강한 사고감각을 키워 주는 좋은 방법입니다. 편견에 빠지지 않고 아이가 직접 생각해 볼 수 있도록 기회를 주어야 합니다. 아이는 스스로 생각하는 과정에서 자유로움을 느낍니다. 그럴 때 창조적으로 사고할 수 있게 되지요. 그러기 위해서는 부모로서 우리가 먼저 다른 사람의 생각에 열린 태도로 접근해야 합니다.

다른 상위감각도 그렇지만 자아감각은 특히 아이혼자 발달시킬 수 없습니다. 아이가 어릴 때는 부모님의 권위를 체험하며 자아감각을 발달시킵니다. 아직은 어른이 하는 것처럼 다른 사람의 자아를 명확히 인식할 수 없기 때문에 아이는 어른의 권위를 체험해 보고 싶어 합니다. 권위는 자아의 그림image이자 보호막입니다. 그런데 이 권위가 정말로 교육적이려면, 부모의 자아가 힘 있고 건강해야 합니다. 아이가 부모님에게 바라는 것은 완벽하지는 않아도 자신 있고 든든하며 여유있는 모습입니다. 어린 시절의 아이에게 부모는 세상 모든 것이며, 믿고 의지할 수 있는 울타리입니다. 부모의 권위에 대한 사랑과 믿음이 하나의 싹이 되어 자라면 건강한 자아감각으로 나타납니다.

아이에게 자아감각을 길러 주는 또 다른 방법은 이야기를 통해 인물을 만나게 하는 것입니다. 그것은 동화와 우화, 전설, 신화 그리고 나중에는 역사와 위대한 인물의 전기를 통해 가능합니다. 특정 인물을 판단하고 평가하는 방식이 아니라 그의 생김새와 했던 말, 무엇을 생각했고 행했는지를 묘사하는 것입니다. 이같이를 하기 전에는 책보다 이야기를 들려주는 방식이 더 좋고, 3~4학년 이후에는 올바른 독서 습관을 길러 주는 것이 좋습니다. 아이들이 감명 깊은 이야기를 연극으로 공연할 수 있다면 더없이 좋겠지요.

자아감각은 상대방의 본질적 특성을 파악하는 감각입니다. 한 사람의 자아는 많은 것을 포괄합니다. 거기에는 인격, 기질적 특성, 삶을 바라보는 태도, 관심사, 추구하는 가치, 두려움 등이 모두 포함됩니다. 이러한 자아감각은 다른 사람과 나의 경계에 대해 인식하는 촉각과 밀접한 관련이 있습니다. 어린 시절 촉각을 통해 애착 관계를 경험하지 못한 경우, 실제로 자아감각이 약화돼 다른 사람을 폭력적으로 대할 수 있습니다. 공감 능력이 떨어져 내가 소중한 것처럼 다른 사람도 소중하다는 걸 느끼지 못하기 때문입니다. 내가 하기 싫은 것을 남에게 강요하지 않는 것, 이것은 자아감각이 건강하게 발달한 사람의 도덕적인 모습입니다.

6

화내지 않고 아이와 대화하는 법

내 가슴에 거룩한 영혼의 힘이 머물고
내 머리에 거룩한 정신의 빛이 머물며
내 두 손에 거룩한 의지의 능력이 머뭅니다.
이 모든 것을 나는 결코 잊지 않을 것입니다.

— 루돌프 슈타이너

마음의 평정 유지하기

만약 다른 이들이 나를 화나게 할 수 있다면 나는 나
자신의 주인이 아니며, 더 정확히는 아직 나의 '내적
지배자'를 발견하지 못한 것이다. 다시 말해, 나는 오
직 나 자신의 선택에 따라 외부 세계로부터 나에게 다
가오는 감각 인상을 받아들이는 내적 능력을 발달시
켜야 한다. 이렇게 할 때만이 인지학의 수행자가 될 수
있다.*

이 이야기는 제가 늘 마음에 새기는 슈타이너의 조
언입니다. 아이를 키우다 보면 어느 때는 정말 화가 머
리끝까지 치솟기도 합니다. 아이와 지내면서 화를 전혀
내지 않고 대화하려면 특별한 수련이 필요해 보일 정도
입니다. 말을 잘 듣고 애교를 부릴 때는 정말 사랑스럽

* 루돌프 슈타이너, 양억관 옮김, 『초감각적 세계 인식에 이
르는 길』, 물병자리, 1999, 36쪽.

지만, 퉁명스럽게 대꾸하고 말도 안 되는 이유로 저항할 때는 평정심을 유지하기가 참 어렵습니다.

세상에는 다양한 대화법이 나와 있습니다. 하지만 평정심을 잃은 뒤에는 아무것도 소용이 없습니다. 할 수 있다면 화를 내지 않는 게 좋겠지요. 아이 때문에 화가 나는 것과 아이에게 화를 내는 것은 별개의 문제입니다. 사실 화가 나는 것도 아이 때문이 아니라 나의 욕구 때문입니다. 아이에게 기대하는 게 하나도 없을 때는 아이가 무얼 해도 화가 나지 않으니까요. 발달상 초등학교에 들어가기 전까지 조기교육이 필요 없다는 걸 알고 나면 아이가 글자를 몰라도, 공부를 안 해도 화가 나지 않습니다. 문제는 내 아이에게 아무런 기대도 안 할 수가 없다는 데에 있습니다.

내 마음에 내가 깨어 있지 않는 한 평정심을 유지하는 일은 불가능해 보입니다. 명상이라는 것도 사실 내 마음에 깨어 있기 위한 노력 중 하나입니다. 전통적인 훈련으로는 호흡을 관찰하는 법과 어떤 일을 할 때 온전히 그 일에 집중하는 법이 있습니다. 감정이 일렁이면 호흡도 따라서 거칠어지기 때문에 편안하게 호흡하는 법을 평소에 연습해 두는 것입니다. 마음이 심란

할 때 가만히 앉아서 숨이 들어오고 나가는 모습을 바라만 보고 있어도 마음이 편안해집니다. 화가 올라올 때는 심호흡을 크게 세 번 하고 '나는 지금 화가 났다' 이렇게 속으로 짚어 주는 것도 도움이 됩니다. 또 집을 청소할 때나 설거지를 할 때, 차를 마실 때나 걸을 때 다른 생각을 하지 않고 하고 있는 일에만 집중하는 것도 훌륭한 명상법입니다. 별것 아닌 듯해도 습관이 되면 일상에서 굉장히 큰 힘을 발휘합니다.

슈타이너는 하루 중 5분에서 10분이라도 시간을 내어 일상생활과는 완전히 다른 방식으로 자기 생각과 감정, 행위를 돌아보라고 제안합니다. 아무래도 아이가 없을 때 또는 자고 있을 때가 좋겠지요. 마음속에 오늘 있었던 일들 중 기억에 남는 모든 일을 떠올려 보십시오. 기뻤던 일, 속상했던 일, 화가 났던 일, 걱정스러웠던 일 등 모든 경험을 떠올리고 마치 남의 일처럼 바라보는 겁니다. 내 일을 남의 일처럼 여기고 바라보는 연습이 어느 정도 익숙해지면 삶에서 본질적인 일과 부차적인 일을 구분할 수 있습니다. 한발 떨어져서 자기 자신을 바라보는 이 연습을 할 때는 판단이나 평가를 하지 않는 게 좋습니다. 나와 아무 상관없는 사람의 일처럼 무심히 바라볼 때 새로운 시각이 나오고 평정한 마음을 회복할 수 있습니다. 그다음으로 할 일은 본질적인 일에 좀 더 집중하는 것 그리고 부차적인 일에는 신경을 덜 쓰는 것입니다.

우리 내면에는 일상의 자아와 고차적인 자아, 이렇게 두 개의 '나'가 있습니다. 아침에 눈을 뜨고 온종일 바쁘게 지내다 보면 우리에게 고차적 자아가 있다는 사실을 잊고 일상에 매몰되기 쉽습니다. 시간이 날 때마다 스마트폰을 들여다본다면, 또는 저녁 시간에 TV 앞을 떠날 수 없다면 자기 자신과 만날 시간은커녕 아이와 놀아 줄 시간조차 부족하겠죠. 그렇게 정신없이 살아갈수록 우리는 조급해지고 내가 어떤 사람이었는지 알 수 없게 됩니다. 슈타이너가 말하는 내적 지배자란 일상의 나를 지켜보는 고차의 자아라고 할 수 있습니다. 어린아이가 마트에서 장난감을 사 달라고 떼를 쓸 때, 사춘기 아이가 "엄마 아빠가 나에게 해 준 게 뭐가 있는데!"라고 공격을 할 때 평정심을 유지하려면 그 상황에 바로 반응하지 않고 한발 물러나 자기 자신을 바라볼 수 있어야 합니다.

일상의 자아는 끊임없이 생각하고 온갖 감정을 느

끼며 거기에 대응하느라 분주할 수밖에 없습니다. 날마다 5분이라도 시간을 내어 일상을 멈추고, 그러한 자신을 다른 사람처럼 객관적으로 바라본다면, 나중에는 화가 솟구치는 순간에도 자기 자신과 일정한 거리를 둘수 있을 것입니다. 더불어 생활을 단순하게 정리하는것도 좋습니다. 이것은 일상으로부터 자신을 소외시키는 게 아니라 일상을 더 풍요롭게 살 수 있는 가능성을 줍니다.

반감이 혐오감이 되지 않도록 하기

아이와 지내는 게 즐겁고 행복하다가도 이따금 의견이 맞지 않아 다투기도 합니다. 아이만 삐치는 게 아니라 아빠인 저도 삐칠 때가 있습니다. 발달 시기에 따라 아이가 정말 이해되지 않을 때가 있지요. 이해는 되지만 못마땅할 때도 있고요. 귀여운 어린 시절에 평생 할 효도를 다 하는 거라고 자조하는 분도 계시던데, 어떻게든 정붙이고 사는 게 가족의 본성이 아닐까 합니다. 싫다고 해서 헤어질 수도 없는 게 부모 자식 간이고요. 그런데 가족은 서로 너무 가깝다 보니 거리감이 사라져 문제가 생기는 건 아닐까요? 다른 아이에게라면 사실 그렇게 화낼 일이 아닌데, 내 아이이기 때문에 매섭게 대하는 경우도 많으니까요.

발도르프 교육을 공부하면서 저에게 가장 크게 와

닿은 내용이 '마음'에 대한 이해였습니다. 인지학은 공부할수록 놀라운 내용이 참 많습니다. 슈타이너에 따르면 우리 마음은 호감sympathy과 반감antipathy의 작용에 따라 움직입니다. 이때의 호감과 반감은 단순히 좋아하는 마음, 싫어하는 마음과는 다릅니다. 내면에서 호감은 다른 것을 끌어당겨 하나가 되고자 하는 힘이고, 반감은 밀어내어 거부하고 배제하는 힘입니다. 호감에서 사회적 힘이 나오고, 반감에서 반사회적 힘이 나옵니다.

반사회적 힘이라고 해서 도덕적으로 문제가 있는 것은 아닙니다. 반사회성이 지나칠 때 문제가 되는 거죠. 반사회적 힘과 사회적 힘은 우리에게 모두 필요한 힘입니다. 이 두 힘이 균형을 이룰 때 우리는 건강한 상태가 됩니다. 반감은 우리를 깨어나게 하지만 지나치면 마음을 거칠게 합니다. 반사회적 힘이 강해지면 자기주장도 강해져서 사회적인 조화를 이루기 어려워집니다. 그렇다고 사회적 힘만 있는 게 좋은 것은 아닙니다. 호감은 대상을 좋아하게 하지만 지나치면 그 대상에 끌려다니게 됩니다. 누가 부탁을 해도 거절을 못해 쩔쩔매는 사람은 반사회적 힘이 부족한 것입니다.

반감에 사로잡힐 때 우리를 지배하는 것은 보통 '내가 옳다'는 생각 한 가지입니다. 내가 옳으니 상대방은 틀릴 수밖에 없고 틀려야 합니다. 마음에서부터 상대를 밀쳐 내게 됩니다. 자기중심적인 태도는 더 강화됩니다. 진실과는 상관없이 반감이 강할 때 그런 마음 상태가 됩니다. 갈등 관계에 놓인 사람들이 서로 비슷해지는 것도 양쪽 다 반감이 점점 강해지기 때문입니다. 자기 마음을 알아차리지 못하면 반감은 혐오감이 되고, 갈등은 금세 고조되어 버립니다. 그래서 어떤 갈등이든 일단 멈추는 게 좋습니다. 옛말에도 "싸움은 말리고 흥정은 붙이라"고 했지요.

이에 비해 어떤 대상이나 상황에 대해 호감을 가질 때 우리 마음은 살짝 들뜹니다. 이럴 때는 분석적 사고가 불가능해집니다. 상대가 그저 좋고 무조건 편을 들고 싶을 뿐입니다. 내가 좋으면 다 옳다고 여깁니다. 객관적으로 따져 보기보다 주관적으로 좋게 보려고 하지요. 부모로서 우리는 기본적으로 아이들에게 늘 이런 호감을 가져야 합니다. 사실 아이들은 대체로 사랑스럽기 때문에 사랑을 쏟기가 어렵지 않습니다. 그렇다고 너무 감싸기만 하면 아이를 이기적인 사람으로 키울 수 있으므로 사랑스러운 아이일수록 최소한의 거리를 두어 약간 무심하게, 너무 완벽하게 잘해 주려고 하지 않는 편이 좋습니다. 여기에도 균형감이 필요합니다.

아이가 말을 안 듣거나 말썽을 부릴 때 우리 마음에는 반감이 고개를 들 수 있습니다. 그럴 때 체벌을 하면서 '사랑의 매'라고 말하는 것은 모순입니다. 그저 화가 났기 때문에 때리는 것입니다. 자기 삶의 울타리이자, 권위의 존재인 부모님이 반감에 가득 차 무서운 태도로 일관한다면 아이의 마음은 어떨까요? 아이는 아직 자신의 욕구를 언어로 잘 표현하지 못합니다. 그래서 자기의 욕구불만을 비언어적으로 표출하는 것입니다. 우리가 아이의 발달 단계와 기질적 특성을 잘 관찰하여 이해하고 있다면, 그래서 아이가 필요로 하는 것들을 잘 제공하고 있다면 아이는 훈계하지 않아도 잘 클 것입니다. 약간 말썽을 부린다고 해도요.

아이들은 잘할 수 있을 때 잘합니다. 어떻게 해야 잘하는지 알지 못해서 수시로 감정이 폭발하고 문제행동을 하는 아이일수록 사랑이 더 필요합니다. 이때의 사랑은 더 큰 관심이고 이해이며, 화내지 않고 문제를 해결할 수 있는 방법을 가르쳐 주는 것입니다. 반감은 밀어내는 힘인 동시에 미워하는 감정이 될 수 있습니다. 강렬한 반감을 통해 우리는 대상을 비판적으로 분석하고 예리하게 문제점을 찾아낼 수 있습니다. 그러나 균형을 잃으면 부정적인 태도로 일관하기 쉽습니다. 반감이 강해질 때 보통은 안 좋은 점을 찾기 위해 집요해집니다. 반감이 있기에 우리는 자기주장을 펼칠 수 있지만 반감이 지나치게 강해지면 무의식적으로 상대방을 압도하고자 합니다. 이 과정에서 분노와 혐오 같은 부정적 감정이 마음을 채우기도 합니다.

대화를 할 때 반감이 우세해지면 우리는 의식적으로 깨어납니다. 그러나 상대방 역시 압도당하는 느낌 속에서 반감이 생기고 의식이 깨어납니다. 대화가 되려면 반대쪽에서 의식적으로 잠이 들어야 합니다. 그래야 대화가 이어집니다. TV 토론 같은 데에서 정치인들이 싸우는 것을 보면 다들 깨어 있기만 합니다. 그래서 듣지를 않습니다. 상대방의 말에서 꼬투리나 잡으려 하고 논점을 이탈해 어떻게든 공격해 승기를 잡으려고 할 뿐입니다. 마찬가지로 우리도 아이의 말을 잘 들으려면 의식적으로 잠이 들어야 합니다. 그래야 아이가 들어올 수 있는 공간을 만들어 아이의 마음을 받아들일 수 있습니다.

공감의 대화

요즘은 어디를 가든 욕구불만으로 가득 찬 아이들을 쉽게 만날 수 있습니다. 이런 아이들은 감정적으로 늘 억울하고 화가 나 있어서 작은 자극에도 폭발하곤 합니다. 자기가 하는 건 괜찮지만 친구가 툭 치거나 뭐라고 하는 건 견딜 수가 없어 소리를 지르고 주먹으로 때리기도 합니다. 밖에서는 안 그러는데 집에서만 그럴수도 있고, 그 반대일 수도 있습니다. 아이의 기질이 워낙 도드라져서 그럴 수도 있으며(여름 기질), 문제 해결 능력 자체가 부족해서 그럴 수도 있습니다. 다른 측면에서 아이에게 필요한 것들이 어린 시절부터 잘 채워지지 않아 그런 건 아닌지 생각해 볼 수 있습니다. 부모가 자기 마음을 알아주지 않고 모든 걸 부모 뜻대로만 해왔다면 아이의 마음에 울분이 가득한 건 자연스러운 일입니다. 진단이야 어떻든 아이를 도울 수 있는 건 부모입니다.

부모로서 우리는 누구도 완벽할 수 없습니다. 부모역시 되어 가는 중이므로 문제가 있을 때는 배우고 고치면 됩니다. 그러기 위해 우리는 먼저 우리의 자아를 강화시켜야 합니다. 어떤 이유로든 자아가 약해져 있다면 아이를 위해서라도 자아를 건강하게 회복하는 것이 급선무입니다. 슈타이너는 그것을 '내적 지배자'라고 표현했습니다. '나'의 마음 상태를 알아차릴 때 나는 나의 '내적 지배자'가 됩니다. 이와 달리 알아차리지 못하고 감정과 욕구에 휩쓸린다면 나의 내적 지배자는 내가 될 수 없습니다. 특히 반감에 사로잡혀 있을 때 가장 낮은 단계로 떨어질 위험이 있습니다. 정말 화가 나서 화를 내는 것과 화를 낼 필요가 있기 때문에 화를 내는 것은 다른 문제입니다. 아이는 어른이 감정에 사로잡혀 혼내는지 사랑하는 마음으로 혼내는지 귀신처럼 알아챕니다. 전자의 경우 아이는 어떤 방식으로든 저항을 하게 됩니다. 따라서 화가 났을 때는 아무 말도 하지 않고 감정이 식기를 기다리거나 "지금 화가 나 있어"라고 아이에게 알려 주는 게 좋습니다. 감정이 올라올 때 자기 공감을 통해 마음을 가라앉히려면 많은 연습이 필요합니다.

공감empathy이란 호감과 반감을 넘어서는 개념입니다. 많은 발도르프 교육 책에서 호감이라고 번역해야 할 독일어 'Sympathie'를 공감으로 옮겨서 혼란이 있는데, 호감과 공감은 다른 말입니다. 공감이란 호감처럼 무조건 편을 들어 주는 것이 아니라 일정한 거리를 갖되 그 사람의 입장에서 감정과 욕구를 느끼고 알아주는 것입니다. 나의 감정과 욕구를 알아차리는 게 자기 공감이라면, 공감적 대화는 서로의 감정과 욕구를 알아차리고 표현하는 것입니다. 그런데 우리는 누군가 힘겨워할 때 위로를 한답시고 아무런 도움도 되지 않는 말을 건네곤 합니다. 도움이 되기는커녕 화만 돋우는 말을 더 많이 합니다. 힘들어하는 사람에게 조언을 하거나 한술 더 떠 다그치거나 가르치려 드는 것은 우리가 공감으로 연결되는 것을 방해합니다. "그건 네 잘못이 아니야. 너는 최선을 다했어" 이런 식으로 무작정 위로하는 것도 별 도움이 안 됩니다. "참 안됐다. 어쩌면 좋니" 하고 동정하는 것도 마찬가지입니다.

비폭력 대화법을 만든 마셜 로젠버그는 힘들어하

는 사람이 하소연할 때 다른 이야기를 꺼내거나 말을 끊고 따져 묻거나 바로잡으려 드는 행위가 얼마나 상처를 주는지 알려 줍니다. 로젠버그가 든 사례 가운데 한 가지가 제 마음에 남아 있습니다. 유대교의 한 랍비에 관한 이야기로, 그는 자신의 아들이 죽어 갈 때 사람들이 위로로 해 주는 말을 들으며 몹시 고통스러웠다고 합니다. 지난 세월 동안 자신도 다른 사람들에게 비슷한 상황에서 똑같은 식으로 위로의 말을 해 왔다는 걸 깨달았기 때문입니다. 완전히 상대방의 입장에서 느끼고 생각해 본다면 어떨까요? 내가 저 사람이라면, 내가 이 아이라면 지금 나는 어떤 생각이 들까? 마음은 어떨까? 필요한 게 뭘까? 어떤 위로를 받고 싶을까? 머리로만 생각하기보다 가슴으로도 느껴 볼 수 있어야 합니다.

우리는 누구나 욕구가 있고, 욕구가 있기에 갈등이 벌어질 수 있습니다. 갈등은 욕구와 욕구가 부딪히는 일입니다. 사람에게 욕구가 있는 한 갈등이 없을 수는 없습니다. 큰 갈등이 되지 않도록 작은 갈등일 때 드러내는 게 좋고, 이왕이면 대화의 방식으로 자기 마음을 표현하는 게 좋겠지요. 많은 부모님이 욕구가 전혀 없는 아이보다 차라리 욕구가 강한 아이를 대하는 게 낫다고들 합니다. 욕구가 강한 아이는 갈등도 많이 일으키지만 무엇을 원하는지 분명해서 대화하기가 한결 수월합니다. 그렇다고 쉽다는 것은 아닙니다. 이에 비해 욕구가 없어 보이는 아이는 무기력하게 느껴지고 스스로 원하는 게 무엇인지 몰라 마음을 알아주기 참 어렵습니다. 이 부분은 기질 파악을 해 보면 도움을 얻을 수 있겠지요. 더 중요한 일은 아이의 욕구와 감정을 읽는 것입니다.

감정의 뿌리인 욕구에 집중하다 보면 공감으로 연결될 수 있습니다. "왜 그렇게 동생을 때려?"라고 말하기보다 "동생이 허락 없이 네 물건을 가져가서 화가 났니? 허락받지 않고 네 물건을 가져가는 게 싫은 거야? 그래서 동생을 때렸어?"라고 말하는 게 공감입니다. "엄마 아빠랑 더 놀고 싶은데 그러지 못해서 실망했니?" 또는 "친구들이 이름을 불러 주길 바랐는데 별명을 불러서 속상한 거야?" 이렇게 말하는 게 "넌 왜 맨날 떼를 써?"라거나 "별명 좀 들었다고 그렇게 우니?"라는 말보다 위로가 될 것입니다.

공감은 반감이 완전히 사라진 상태에서 생겨납니

다. 반감이 남아 있는 사람은 욕구가 충족되지 않았을 때 자기감정을 표현하기보다 상대방을 비난하거나 자신을 비난할 것입니다. 판단하거나 평가하려는 마음을 내려놓고 상황을 있는 그대로 관찰하는 것, 나아가 자기 자신과 상대방의 감정과 욕구에 초점을 맞추어 대화를 하려는 자세는 갈등으로 경직된 마음을 풀고 그 자리에 사랑과 연민이 자라나게 할 것입니다. 그럴 때 우리는 마음과 마음이 연결되려 하는 것을 느낄 수 있습니다. 우리는 누구나 존재 의미를 찾으려 하고 존재 가치를 존중받고자 하기 때문입니다.

갈등을 이해하는 일이 삶을 사랑하는 일이다

우리가 바라는 것은 사실 대단한 행복이 아닐 겁니다. 소박하게 말하자면 불행하지 않게 사는 것? 괴롭거나 두려운 일에 휘말리지 않고 일상의 평온을 유지하며 살아가는 것이야말로 우리가 꿈꾸는 행복의 모습이 아닐까요? 인격적으로 성장하는 것 그리고 살림살이가 나아지는 것도 꿈꿀 수 있겠습니다. 아이를 키우는 입장에서는 당연히 아이가 건강하게 자라는 것이 가장 큰 바람일 테고요.

우리 삶의 궁극적인 목적은 바라는 바를 실현하고 성취하는 것입니다. 간단히 말해 '욕구의 추구'입니다. 여기에서 의지가 나옵니다. 이 욕구가 과도해진 것을 '욕심'이라고 하지요. 아이가 학교에서 열심히 공부하길 바라는 마음은 자연스러운 욕구지만 성적이 팍팍 올라서 1등도 하면 좋겠다고 바라는 건 욕심에 가깝습니다. 체중이 늘었으니 살을 좀 빼고 싶다는 건 문제없지만 마음껏 먹고 운동도 안 하면서 빼고 싶다는 건 욕심입니다. 어느 종교에서든 욕심을 버리라고 하지, 욕구를 버리라고는 하지 않습니다. 현실을 있는 그대로 못보고 자기중심적인 생각에 사로잡히면 욕심이 생기는 것 같습니다. 어쩌면 우리 삶은 욕구를 추구하되 욕심은 경계하는, 의지와 성찰 사이에서 균형을 잡아 가는 과정일지도 모릅니다.

욕구와 그로 인해 감정이 생기는 우리에게 갈등은 필연적인 일입니다. 아이는 더 놀고 싶은데 부모님은 이제 그만 쉬고 싶다면 갈등이 생길 수 있는 거죠. 갈등 그 자체는 일상적인 것입니다. 다만 갈등이 벌어지면 무엇보다 마음이 불편해지는 까닭에 누구도 갈등을 좋아하지 않습니다. 어른이라면 감정을 감출 수도 있고 마음을 억누를 수도 있으니 갈등 자체를 만들지 않기도 하지만 아이에게는 어려운 일입니다. 서로의 욕구를 존중하며 갈등을 해결하는 법을 배우는 것은 교육적으로 대단히 중요한 가치가 있습니다.

그러면 갈등은 어떻게 풀어야 할까요? 사람이 동

물보다 나은 것은 생각하고 말하기 때문입니다. 동물도 사람처럼 욕구가 있으니 갈등이 벌어지곤 합니다. 그때 동물들은 대체로 힘을 과시하고 몸으로 부딪치기 일쑤지요. 물론 사람도 마찬가지지만 다행히 우리는 대화를 할 수 있습니다. 대화를 통해 자기 마음을 표현하고 상대방 마음을 들을 수 있지요. 그런데 부모로서 우리는 마음을 말로 표현하는 일이 익숙한가요? 동양, 특히 한국 사회에서는 감정과 욕구는 고사하고 자기 생각도 명료하게 언어화하는 훈련이 잘 안 되어 있습니다. 그러니 작은 갈등이 금세 "너 죽고 나 죽자" 식으로 극단화됩니다. 갈등을 해결하려면 우선 우리의 마음에 관심을 기울여야 합니다.

우리의 마음이 사고와 감정, 의지로 이루어졌다는 건 잘 알려진 사실입니다. 생각, 느낌, 욕구라고 해도 좋습니다. 우리는 내적으로 무언가에 대해 끊임없이 따져 보고, 감정에 사로잡히며, 욕구를 갖고 있습니다. 이 욕구가 가장 심층적인 마음의 작용입니다. 욕구가 강하게 드러날 때 의지도 강해집니다. 그렇다면 갈등이 벌어졌을 때 무엇부터 살펴야 할까요? 그 순서는 약간 달라져도 좋지만, 일단 감정 또는 기분을 알아차릴 필요가 있습니다. 감정을 알아주는 것이 곧 공감입니다. 먼저 기분을 물어보세요. "지금 기분이 어때? 화가 났니? 속상하고 답답해? 짜증이 나?" 어린아이라면 가만히 안아 주고 마음을 진정시켜 주는 것도 좋습니다.

그다음에 무슨 일이 있었는지 물어봅니다. "무슨 일이야? 네 입상에서 어떤 일이 있었는지 말해 줄래? 있는 그대로 편하게 말해 봐." 상황을 정확히 구체적으로 파악할수록 좋습니다. 판단이나 평가를 배제하고 있는 그대로 상황을 떠올리는 작업은 물론 쉽지 않습니다. 하지만 당사자뿐 아니라 다른 아이의 이야기도 충분히 들어서 명료하게 정리해 줄 필요가 있습니다. 그리고 이렇게 말해 주세요. "아, 그런 일이 있어서 그렇게 속상했구나." 부모님이 구체적으로 재구성해서 표현해 주면 더 좋습니다. 그럴 때 아이는 마음이 편안해집니다.

다음으로 아이가 바라는 게 뭔지 묻습니다. "네가 바라는 건 뭐야? 쟤한테 바라는 거 말고 네가 정말 바라는 게 뭔지 말해 볼래?" 감정의 원인은 의외로 상대방이 주는 자극이 아니라 자기 자신의 욕구에 있습니다. 왜냐하면 감정이란 본래 욕구가 충족되거나 충족되지 않았을 때 떠오르는 마음의 작용이기 때문입니다.

만약 "쟤가 사라지는 거요"라거나 "쟤가 죽었으면 좋겠어요"라는 거친 표현을 한다면, 그 마음은 그대로 인정하고 수용하되 좀 더 상세하게 물어보는 것이 좋습니다. "그래서 네가 정말 바라는 건 뭘까? 앞으로 어떻게 지내고 싶니? 엄마 아빠가 뭘 도와줬으면 좋겠어? 네 기분이 더 편해지려면 뭘 하는 게 좋을 것 같아?" 아이가 앞서 한 대답이 삶은 달걀의 딱딱한 껍데기와 같은 자기 '입장'이라면, 뒤의 질문에 따른 대답은 흰자위처럼 부드럽고 연한 '실익' 또는 진정한 '관심사'라고 할 수 있습니다. 갈등을 해결하려면 딱딱한 껍데기를 벗겨내야 합니다. 그래야 진정한 욕구를 찾을 수 있습니다. 그런 다음 상대방에게 그 진정한 욕구를 전달하고 들어 달라고 부탁할 수 있습니다.

그런데 강인하면서도 평온한 마음 없이는 지금까지 말한 해결방법이 다 소용 없습니다. 따라서 가정에서 부모는 스스로를 회복하고 치유하는 연습을 해야 합니다. 힘들 때 저는 따로 조용한 시간을 내어 다음과 같은 질문을 스스로에게 던지고 답을 찾아봅니다.

1. 지금 내 마음이 어떻지?

예) 아이가 연락도 없이 집에 일찍 오지 않아 불안하고 걱정돼.

2. 나는 지금 무슨 생각을 하고 있는 걸까?

예) 혹시 사고라도 난 건 아닌지 모르겠어.

3. 이 생각을 계속하는 게 어떤 도움이 되나?

예) 사실 아무 도움이 되지 않아. 차라리 나가서 찾아봐야겠다.

4. 내가 정말 바라는 게 뭘까?

예) 아이가 안전하게 일찍 들어왔으면 좋겠어. 오면 안아 줘야지.

우리 삶에서 갈등이 필연적이라는 사실을 알게 되면 갈등을 무작정 없애려 하거나 없는 것처럼 회피할 게 아니라 직면하고 이해하는 작업이 필요합니다. 그럴 때 갈등은 파괴적 속성이 사라지고 건설적 속성이 드러납니다. 우리는 누구나 말하지 않아도 내 마음을 상대방이 알아주길 바라지요. 그것은 상대방도 마찬가지라는 걸 자주 까먹지만요. 심지어 내 마음도 말하지 않으면 잘 알 수 없습니다. 갈등을 이해하고 진실하게 말하는 법을 배우는 것은 우리의 마음과 마음이 다시 연결되어 사랑이 흐르게 하는 행위이기도 합니다.

맺음말

부모가 되어 가는 기쁨

라파엘로(1483~1520), 『시스티나의 성모』

세계 어디든 발도르프 어린이집에 가면 『시스티나의 성모』 그림이 많이 걸려 있습니다. 르네상스 3대 예술가로 손꼽히는 라파엘로가 교황 율리우스 2세의 주문으로 1512년에 제작한 작품입니다. 천상의 커튼이 열리고, 아기 예수를 안은 성모 마리아가 구름 위로 걸어 나옵니다. 왼쪽에서 모사를 맞이하는 노인은 교황 식스투스 1세로, 율리우스 2세 가문의 수호성인이라고 합니다. 오른쪽에 있는 여인은 이 그림이 하사된 도시 피아첸차의 수호성인 바르바라입니다. 그녀는 그리스도교 신자였다는 이유로 탑에 갇혔다가 순교했기 때문에 뒤편에 탑이 그려져 있습니다.

아래에 있는 천사들은 우리나라 분유 제품의 모델로도 유명하지요. 그림 전체에서 풍기는 거룩하고 비장한 정서가 천진난만한 모습의 두 천사에 의해 편안해지는 느낌입니다. 이에 비해 아기 예수와 마리아의 얼굴을 보면 무언가 슬픔이 느껴집니다. 특히 마리아의 눈빛은 아기의 운명을 알고 있다는 듯 담담하면서도 커다란 비애를 담고 있습니다. 그림을 한참 동안 바라보게 하는 눈빛입니다. 그런데 자세히 보면 커튼 뒤쪽에도 누군가 있습니다. 흐릿한 윤곽의 아기들 얼굴이 뒤편을 가득 채우고 있습니다. 저쪽 세상에서 이쪽을 바라보고 있는 이 아기들은 대체 누구일까요?

저는 이 그림을 좋아해서 사무실 벽에 걸어 두고 하루에도 몇 번씩 들여다봅니다. 발도르프 교사들도 아이들과 지내는 동안 교실에 걸려 있는 이 그림을 여러 번 보게 됩니다. 그리고 마음가짐을 새롭게 합니다. 우리가 만나는 아이들이 어디에서 왔는지 돌아보게 되니까요. 커튼 뒤의 아기들은 천상에서 이 지상으로 태어나기를 기다리는 정신적 존재들입니다. 우리에게 온 아이도 이들 중 하나였을 것입니다. 우리가 만나는 아이가 사실은 저 하늘의 정신세계에서 왔다는 것이 이 그림의 숨겨진 메시지이기도 합니다.

사람은 누구나 정신적인 '자아'를 가지고 이 세상에 옵니다. '나'라는 자의식을 갖는 존재로서 인간은 하나의 우주와 같습니다. 그것은 갓 태어난 아기와 임종 직전의 노인이 동일하고, 장애의 유무나 피부색, 성별과도 관련이 없습니다. 우리에게 찾아온 아이 역시 부모인 우리와 다를 바 없는 고귀한 존재이며, 이 세상에 둘도 없는 독특한 과제를 가지고 온 사람입니다. 슈타이너는 아이가 저 정신세계에서 우리 부모를 선택해서 온다고 말합니다. 그렇게 본다면 아이를 낳아 기르는 일은 운명적인 사건입니다. '이 아이가 나를 선택해서 온 이유가 뭘까?'라는 질문은 우리의 운명에 관한 것이기도 합니다.

아이는 자아가 독립할 때까지 부모에게 보호를 받을 권리가 있습니다. 이 기간 동안 우리는 아이의 보호자이자 양육자이며 교육자가 되어야 합니다. 그러려면 우리는 먼저 어른다운 어른이 되어야 하겠지요. 부모로서의 책임을 자각해야 합니다. 그리고 아이를 이해하려고 노력해야 합니다. '내 아이는 어떤 아이일까? 어떤 모습으로 자라날까?'라는 질문을 현실화하면 '내 아이가 바라는 건 무엇일까? 이 아이에게 정말 필요한 건 무엇일까?'가 됩니다. 이것은 점점 '인간이란 어떤 존재인가?'라는 철학적 질문으로 발전합니다. 궁극적으로 우리는 '나는 누구이고 어떤 과제가 있는가?'라는 질문 앞에 섭니다. 우리 역시 저 천상의 커튼 뒤에서 온 존재이며, 다시 그곳으로 돌아가야 할 운명이기 때문입니다.

아이가 부모와의 관계 속에서 인격이 형성되듯, 부모인 우리도 아이와의 관계 속에서 인격이 완성되어 갑니다. 때로 갈등이 있을 수 있고, 때로 절망이 찾아올 수 있겠지만 아이를 키우는 일의 의미를 알아 가면 알아 갈수록 기쁨과 감사가 함께할 것입니다. 아이를 통해 우리는 성장할 수 있고, 아이를 통해 우리 안의 사랑이 마르지 않을 수 있으니까요. 아이가 우리의 사랑 안에 있듯 우리도 아이의 사랑 안에 존재합니다. 우리는 사랑 안에서 기쁨과 감사를 느끼며, 그 사랑의 근원이 어디인지를 어렴풋이 알아 갑니다. 아이 키우는 일이 너무 힘들고 마음이 무거워질 때면 저 그림을 한 번쯤 떠올려 보시길 바랍니다.

아이들은 모두 순결하고 선하게 태어난다. 즉 우리의 아이들은 천국에서 왔다. 어떤 아이든 유일무이하고 특별하다. 그들은 특별한 운명을 지니고 이 세상에 온다.*

---

* 존 그레이, 윤규상 옮김, 『화성남자 금성여자의 자녀 교육』, 들녘미디어, 2003, 26쪽.

발도르프 교육을 더 공부하고 싶은
분들을 위해

국내에 처음 소개된 발도르프 교육 서적은 『독일의 자존심 발도르프 학교』, 『슈타이너 학교의 참교육 이야기』, 『슈타이너 학교의 예술로서의 교육』 등 일본인 문학교수 고야스 미치코의 저서였습니다. 고야스 교수는 독일 유학 시절에 딸아이를 뮌헨의 슈타이너 학교에 보내면서 발도르프 교육을 접하게 되었지요. 지금은 참고할 만한 좋은 책이 상당히 많이 나와 있습니다. 발도르프 교육을 더 깊이 알고 싶은 분들께 추천드리고 싶은 책입니다.

영유아를 기르는 부모님께

『당신은 당신 아이의 첫 번째 선생님입니다』, 라히마
볼드윈 댄시, 강도은 옮김, 정인출판사, 2016
『무지개 다리 너머』, 바바라 J. 패터슨·파멜라
브래들리, 강도은 옮김, 물병자리, 2007

『발도르프 육아예술』, 이정희, 씽크스마트, 2017

『우리 함께 놀자』, 프레야 야프케, 윤선영 옮김,

　　창지사, 2008

『0세에서 7세까지의 슈타이너 교육』, 호리츠 세츠코,

　　강란혜 옮김, 창지사, 2004

『아이는 자유로울 때 자라난다』, 카린 네우슈츠,

　　최다인 옮김, 꼼지락, 2018

『아기는 놀이에서 배운다』, 모니카 알뤼·안야 베르너

　　·안케 친저, 이정희 옮김, 한국인지학출판사,

　　2019

『우리집은 발도르프 유치원』, 일본 크레용하우스

　　편집부, 고향옥 옮김, 청어람미디어, 2010

발도르프 교육 전반에 대해 더 깊이 공부하고 싶다면

『발도르프 공부법 강의』, 르네 퀘리도, 김훈태 옮김,

　　유유, 2017

『발도르프 교육 이해하기』, 잭 페트라시, 강도은

　　옮김, 무지개다리너머, 2017

『형식과 자유 사이』, 베티 스텔리,

과천자유학교출판국 옮김, 과천자유학교출판국, 2009

『아이들이 꿈꾸는 학교』, 크리스토퍼 클라우더·마틴 로슨, 박정화 옮김, 양철북, 2006

『8년간의 교실여행』, 토린 M. 핀서, 청계자유발도르프학교 옮김, 푸른씨앗, 2005

『우리 아이는 발도르프 학교에 다녀요』, 요헨 부스만, 최경은 옮김, 밝은누리, 2001

발도르프 교육의 기질론과 감각론이 궁금하다면

『인생의 씨실과 날실』, 베티 스탤리, 하주현 옮김, 푸른씨앗, 2017

『12감각』, 알베르트 수스만, 서유경 옮김, 푸른씨앗, 2016

『감각을 깨우다』, 볼프강 M. 아우어, 윤선영 옮김, 창지사, 2013

『12감각을 깨워야 내 아이가 행복하다』, 김현경, 물병자리, 2015

전자기기 문제·성교육·장애에 관한 책

『TV 문제로 아이와 싸우지 않는 훈육법』, 마틴 라지,

　　하주현 옮김, 황금부엉이, 2016

『셧다운!』, 독일미디어진단, 이정희·여상훈 옮김,

　　한국인지학출판사, 2019

『발도르프 성교육』, 마티아스 바이스 외,

　　이정희·여상훈 옮김, 씽크스마트, 2019

『도움이 필요한 아이들』, 마이클 럭스포드, 조종상

　　옮김, 지와사랑, 2012

　루돌프 슈타이너의 저서로는 『발도르프 아동교육』(이정희 옮김, 씽크스마트, 2017), 『발도르프 학교와 그 정신』(최혜경 옮김, 밝은누리, 2015), 『신지학』(양억관·타카하시 이와오 옮김, 물병자리, 2016), 『사고의 실용적인 형성』(최혜경 옮김, 밝은누리, 2010) 등을 입문서로 추천드립니다. 주요 저서인 『인간에 대한 보편적인 앎』(최혜경 옮김, 밝은누리, 2012)은 꽤 어려우니 입문 단계를 넘어서서 더 깊이 공부하고 싶어지면 읽어 보시고요.

　이 밖에 제가 쓴 『교사를 위한 인간학』(교육공동체

벗, 2016)은 발도르프 교육의 인간학에 초점을 맞추었고, 『교실 갈등, 대화로 풀다』(교육공동체벗, 2017)는 인간학을 바탕으로 갈등 해결과 대화법을 다룬 책입니다. 그리고 이 책에 실린 시는 모두 제가 번역한 『루돌프 슈타이너 명상시집』(슈타이너사상연구소, 2017)에 수록된 작품들입니다. 아무쪼록 양육의 철학을 세우는 데 참고하셨으면 합니다.

부모가 되어 가는 중입니다
: 성장하는 엄마 아빠를 위한 발도르프 공부

2020년 5월 4일   초판 1쇄 발행
2023년 5월 4일   초판 5쇄 발행

지은이
김훈태

펴낸이	**펴낸곳**	**등록**	
조성웅	도서출판 유유	제406-2010-000032호(2010년 4월 2일)	

주소
경기도 파주시 돌곶이길 180-38, 2층 (우편번호 10881)

전화	**팩스**	**홈페이지**	**전자우편**
031-946-6869	0303-3444-4645	uupress.co.kr	uupress@gmail.com
	페이스북	**트위터**	**인스타그램**
	facebook.com /uupress	twitter.com /uu_press	instagram.com /uupress

편집	**디자인**	**마케팅**	
조은	이기준	전민영	

제작	**인쇄**	**제책**	**물류**
제이오	(주)민언프린텍	다온바인텍	책과일터

ISBN 979-11-89683-39-9 03370